Adolf Guttenberg

Die Forstbetriebseinrichtung nach ihren gegenwärtigen Aufgaben und Zielen

Adolf Guttenberg

Die Forstbetriebseinrichtung nach ihren gegenwärtigen Aufgaben und Zielen

ISBN/EAN: 9783743673328

Hergestellt in Europa, USA, Kanada, Australien, Japan

Cover: Foto ©berggeist007 / pixelio.de

Weitere Bücher finden Sie auf **www.hansebooks.com**

Die Forstbetriebseinrichtung

nach ihren

gegenwärtigen Aufgaben und Zielen.

— —

Von

Adolf Ritter v. Guttenberg,

k. k. Forstrath und Professor an der k. k. Hochschule für Bodencultur in Wien.

Mit 9 in den Text gedruckten Figuren.

Wien 1896.

Verlag von Moritz Perles

I. Seilergasse 4 (Graben).

Vorwort.

Einem von Seite jüngerer Fachcollegen mehrseitig geäußerten Wunsche entsprechend, übergebe ich hiermit den Inhalt meiner, anlässlich des Unterrichtscurses für praktische Land- und Forstwirte an der k. k. Hochschule für Bodencultur gehaltenen Vorträge über „Die Aufgaben und Ziele der Forstbetriebseinrichtung", welche bereits in einzelnen Artikeln der „Österreichischen Vierteljahresschrift für Forstwesen" (Jahrg. 1895) erschienen sind, nunmehr als selbstständige — dabei auch wesentlich umgearbeitete und erweiterte — Schrift der Öffentlichkeit.

Diese Schrift soll, wie schon ihr Titel besagt, weder eine Instruction, noch ein Leitfaden für den Betriebseinrichter sein; Zweck meiner Vorträge und dieser Publication war lediglich, meine Anschauungen über die zweckmäßige Gestaltung unseres heutigen Einrichtungswesens, wenigstens in den Hauptpunkten desselben, zum Ausdruck zu bringen, wobei nicht ganz zu vermeiden war, auch manche kritische Bemerkung über den Gegenstand mit einzuflechten und dabei vielleicht auch manches bereits von Anderen Gesagte zu wiederholen.

Bemerken möchte ich noch, dass ich bei meinen Ausführungen hauptsächlich die Einrichtung unserer großen Privatforste im Auge habe; in der Einrichtung der Staatsforste werden, schon der hier erstrebten Übereinstimmung in der Form und Ausführung wegen, immer strengere Normen geltend sein, wogegen für jene des Privat-Waldbesitzes eine freiere Bewegung und manche Vereinfachung eintreten kann. In der Hauptsache aber glaube ich mich hinsichtlich des von mir eingenommenen Standpunktes auch mit den Grundsätzen, welche heute in der Einrichtung unserer Staatsforste geltend sind, in Übereinstimmung zu befinden.

Wien, im März 1896.

A. v. Guttenberg.

Einleitung.

Die Lehre der Forstbetriebseinrichtung zeigt, wenn wir kürzere Zeiträume in Betracht ziehen, im Vergleiche mit anderen Zweigen der Forstwissenschaft, in welchen, wie in der Forstbenutzung oder im Waldbau, die Fortschritte der Technik, die Ergebnisse von Versuchen und Forschungen fortgesetzt Neuerungen und Erweiterungen bedingen, im wesentlichen nur geringe Veränderungen; es ist ihr, sowie der Forstwirtschaft selbst, der Charakter einer gewissen Stabilität zu eigen.

Gleichwohl ist die Forsteinrichtungslehre gegenwärtig und zu keiner Zeit als abgeschlossen zu betrachten; sie muß vielmehr schon deshalb sowohl in ihren Grundprincipien, als auch in ihren einzelnen Theilen eine fortschreitende Entwicklung und selbst zeitweilige Umgestaltung erfahren, weil der forstliche Wirtschaftsbetrieb selbst, welchem die Betriebseinrichtung als ordnende und regelnde Grundlage zu dienen hat, in immer weiter fortschreitender Ausbildung begriffen und damit Änderungen in seinen Zielen und seiner Ausführung unterworfen ist, welche dann gebieterisch auch eine Berücksichtigung in der ordnenden Grundlage des ganzen Betriebes verlangen.

Die Entwicklung der Forsteinrichtungslehre steht im Zusammenhange:

1. mit der Entwicklung der Volkswirtschaftslehre und den in dieser jeweils geltenden Anschauungen;

2. mit der Entwicklung der Forstwirtschaft selbst, insbesondere der forstlichen Productionstechnik;

3. mit den Veränderungen des allgemeinen Bedürfnisses (der Consumtion) an Holz und einzelnen Holzsortimenten, dann mit der fortschreitenden Erweiterung der technischen Verwendbarkeit des Holzes einerseits und seiner Transportfähigkeit (des Verkehres mit Holz und Holzproducten) anderseits, also mit dem jeweiligen Stande des Holzabsatzes, der Holzindustrie und der Transportmittel.

Da der Forstwirtschaft die Aufgabe zukommt, der Gesammtwirt=
schaft unentbehrliche Producte nach Maßgabe des jeweiligen Bedarfes
zu liefern und sie somit einen wichtigen Zweig der gesammten Volks=
wirtschaft bildet, so können auch die jeweils in der Volkswirtschafts=
lehre geltenden Grundsätze auf die Forsteinrichtungslehre, ins=
besondere bezüglich der in unserer Wirtschaft anzustrebenden Ziele,
nicht ohne Einfluß bleiben. Der Herrschaft der physiokratischen Schule,
welche übrigens bei den Forstwirten weit länger in Ansehen und
Geltung verblieb, als bei den Nationalökonomen selbst, entsprach
die Forderung möglichst hoher und nachhaltiger Material=Erträge
aus der Forstwirtschaft, welche Forderung die Forsteinrichtung durch
lange Zeit fast ausschließlich beherrschte, und deren Nachwirkung sich
heute noch in derselben entschieden geltend macht.

Ebenso dürfen wir wohl die später hauptsächlich von Preßler
dieser „alten Schule" gegenüber vertretene Lehre, daß die Forst=
wirtschaft ebenso wie andere ähnliche Productionszweige zunächst
vom privatwirtschaftlichen Standpunkte aus zu beurtheilen und ihr
Ziel daher auf die höchste Rentabilität (ausgedrückt durch die
höchste Bodenrente) zu richten sei, mit der schon vorher in der
Nationalökonomie zur Geltung gelangten Forderung des freien Ge=
währenlassens der privaten Einzelinteressen in Zusammenhang brin=
gen, wenn auch Preßler seine Reinertragslehre nicht, wie Pro=
fessor Dr. Heitz in seiner Schrift „Forstregal und Waldrente"
behauptete, direct aus den Schriften von Ad. Smith und Ricardo
geschöpft hat, und wenn auch, wie wir hier ausdrücklich hervorheben
müssen, das Erstreben der höchsten Bodenrente in der Forstwirthschaft
mit der Wahrung der allgemeinen volkswirtschaftlichen Interessen
keineswegs nothwendig in Widerspruch steht.

Heute geht ein socialpolitischer Zug durch unsere wirtschaftlichen
und gesetzlichen Maßnahmen, insoferne man auch bei der Einzel=
wirtschaft stets die Rückwirkung auf die Gesammtheit in Betracht
zieht, und es als Aufgabe des Staates betrachtet, die letztere gegen
eine einseitige Wahrnehmung des Privatinteresses von Seite Einzelner
zu schützen: und auch diese Richtung wird sich in unserer Auffassung
von den in der Forstwirtschaft und speciell in der Forsteinrichtung
anzustrebenden Zielen geltend machen.

Auch die Anhänger der Reinertragslehre wollen den Wald
nicht bloß als eine große Holzfabrik betrachtet wissen, in der Alles
und Jedes nur dem einen Ziele des höchsten Gewinnes untergeordnet
werden soll; man ist vielmehr heute vielleicht mehr als früher ge=

neigt, neben der wirtschaftlichen Seite des Waldes auch dessen sonstige Bedeutung für die Gesammtheit zu würdigen und den ethischen, sowie den ästhetischen Gesichtspunkten neben der Forderung wirtschaftlicher Rentabilität Rechnung zu tragen.

Zum zweiten der obenbezeichneten Punkte ist zu bemerken, daß die Forsteinrichtung, nachdem sie nicht Selbstzweck, sondern nur Mittel zum Zwecke bestmöglicher Bewirtschaftung der Forste ist, nothwendigerweise die Fortschritte des Betriebes in Bezug auf Wald= bau, Benutzung, Transport 2c. berücksichtigen und diesen zu ent= sprechen bestrebt sein muß.

War früher die Uniformität in Betriebsform, Holzart 2c. herrschend und wohl auch zum Theil durch die Forsteinrichtung selbst herbeigeführt worden, so verlangt man heute möglichsten Wechsel in der Form der Verjüngung, in der Zusammensetzung und Behand= lung der Bestände, als die „Wirtschaft der kleinsten Fläche", und die Forsteinrichtung wird ihren Rahmen nach Eintheilung und Nutzungs= ordnung so zu stellen haben, daß innerhalb desselben eine freiere Bewegung des Betriebes in den genannten Richtungen ermöglicht ist. Dies kann jedoch nicht so verstanden werden, daß sich die Forst= einrichtung den jeweiligen Ansichten und Bestrebungen des einzelnen Wirtschafters zu accommodieren hätte, sondern maßgebend können dafür nur die vom Besitzer selbst oder von der Leitung der betreffenden Verwaltung jeweils festgestellten Ziele und Formen des Betriebes sein.

Aber auch die Änderungen im Absatz und Verbrauch des Holzes, welche einerseits durch die Concurrenz anderer Brennstoffe oder Baumaterialien, anderseits durch eine erweiterte Verwend= barkeit des Holzes für neue Verbrauchszwecke (wir erinnern nur an den heutigen, früher ungeahnten Verbrauch von Holz für die Papierfabrication) eingetreten sind und noch weiter eintreten werden, können sicher nicht ohne Einfluß auf die Forstein= richtung im allgemeinen, sowie im einzelnen speciellen Falle bleiben; ebenso die große Umgestaltung, welche unser Transport= wesen und damit die Transportfähigkeit des Holzes und der Holz= producte durch die fortdauernde Entwicklung und Erweiterung des allgemeinen Schienennetzes einerseits, aber auch durch die Herstellung neuer Transportwege (Wegnetz, Bahnen 2c.) im Walde selbst erfährt. Das Princip der strengen Nachhaltigkeit forstlicher Nutzungen, welches, wie bereits erwähnt, unsere Forsteinrichtung bisher beherrschte und zum Theil noch beherrscht, ist aus der früheren Unentbehrlich=

keit des Holzes, namentlich als Brennstoff, und seiner damals auf
sehr enge Grenzen beschränkten Transportfähigkeit, wonach jedes
kleinere Gebiet bedacht sein mußte, sich den Bedarf an Holz möglichst
nachhaltig zu sichern, hervorgegangen. In beiden Richtungen haben
sich die Verhältnisse vollständig geändert; heute erfolgt der Aus=
tausch zwischen Überfluß und Mangel an Holz nicht nur von
Land zu Land, sondern von Continent zu Continent; aus den aus=
gedehnten Buchenforsten Slavoniens gehen jährlich tausende Waggons
Holzkohle, also eines der geringwertigsten Holzproducte, bis in
unsere Alpenländer zum Verbrauche in den dortigen Hochöfen und
Eisenwerken; wir selbst senden den Überschuß unserer Holzproduction
zum Theil bis in die Levante und an die Nordküsten Afrikas, wo
uns übrigens die weit entfernteren Holzexportländer Schweden und
Norwegen in letzter Zeit bereits empfindliche Concurrenz machen;
Amerika importiert alljährlich zunehmende Mengen seiner Werthölzer
nach Europa u. s. w. Diesem Stande des dermaligen Holzverkehres
gegenüber, wie er sich in noch zunehmendem Maße auf immer
größere Entfernungen und selbst auf geringwertigere Sortimente
erstreckt, kann das Nachhaltigkeitsprincip nicht mehr in der früheren
Auffassung und Strenge aufrecht erhalten werden. Damit ist aber
bereits eine wesentliche Änderung in der Aufgabe der Forsteinrichtung
gegeben, indem als solche nicht mehr, wie früher, die Ertrags=
regelung als Sicherung strenger Nachhaltigkeit in die erste Linie
zu stellen ist, und die letztere nunmehr gegen andere Zielpunkte, ins=
besondere jenen der finanziell zweckmäßigsten Benützung der Be=
stände, in unserer Berücksichtigung zurücktreten kann.

Haben wir im Vorstehenden den Zusammenhang der Forst=
einrichtung mit der Entwicklung der allgemeinen und der speciell
forstlichen Wirtschaftsverhältnisse kurz angedeutet und damit die
Nothwendigkeit einer diesem Entwicklungsgange gleichzeitig folgenden
Fortbildung der Forsteinrichtungslehre erkannt, so können wir, als
auf die letztere einflußnehmend, noch weiters einerseits die Erfah=
rungen, welche wir aus früheren Einrichtungen hinsichtlich des
Erfolges der damals getroffenen Maßnahmen gewinnen, andererseits
aber die Fortschritte in der Technik des Einrichtungswesens
selbst bezeichnen. Durch erstere gewinnen unsere Dispositionen wesent=
lich an Sicherheit; die letzteren kommen uns zumeist bei der Be=
schaffung der Grundlagen für die Einrichtung zu statten, deren Er=
hebung durch die Verbesserung geodätischer und taxatorischer Hilfs=
mittel einfacher und gleichfalls sicherer sich gestaltet.

Die Grundlagen der Einrichtung müssen mit den veränderten Zielen oder Aufgaben derselben gleichfalls zum Theil andere werden; war für die bloße Ertragsregelung im Sinne einer Ausgleichung der Holzmassenerträge auf die Holzmassen- und Zuwachsermittlung das Hauptgewicht zu legen, und waren dafür bloße Massenertragstafeln ausreichend, so treten diese Erhebungen heute in ihrer Bedeutung vielfach wesentlich zurück gegen die Bemessung der finanziellen Effecte, die Erhebung der Sortiments-, Preis- und Verzinsungsverhältnisse, für welche neben jenen Ertragstafeln erst neue Behelfe geschaffen werden müssen.

Es sollen demnach, anschließend an die Erörterung der Ziele und Aufgaben der Forstbetriebseinrichtung selbst, wie mir selbe dem gegenwärtigen Stande unserer Wirtschaft angemessen erscheinen, auch die dafür erforderlichen Grundlagen hier kurz in Betracht gezogen werden.

Die Aufgaben der Forstbetriebseinrichtung.

Wenn wir die neuesten Werke über Forstbetriebseinrichtung über die Frage: „Worin die Aufgabe derselben bestehe?" zu Rathe ziehen, so finden wir dieselbe in verschiedener Weise beantwortet.

Judeich*) definiert dieselbe dahin, „den gesammten Wirtschaftsbetrieb in einem Walde zeitlich und räumlich so zu ordnen, daß der Zweck der Wirtschaft möglichst erreicht werde"; als Zweck der Forstwirtschaft aber bezeichnet er „die möglichst vortheilhafte Benützung des zur Holzzucht bestimmten Grund und Bodens".

Dr. Graner**) bezeichnet die Forsteinrichtung als „die Lehre von der räumlichen und zeitlichen Ordnung des wirtschaftlichen Betriebes .... mit dem praktischen Endziele der Regelung der nachhaltigen Nutzung"; Dr. Weber***) dagegen „als jenen Zweig der Forstwissenschaft, welcher sich mit der Ausmittelung der Größe des nachhaltigen Ertrages der Wälder und mit der vortheilhaftesten Anordnung des Forstbetriebes, besonders der Nutzungen, beschäftigt".

Nach den beiden letztangeführten Definitionen steht demnach immer noch die Ertragsbestimmung im Sinne des Nachhaltigkeitsprincipes als Aufgabe der Forsteinrichtung im Vordergrund; noch

---

*) Judeich, Die Forsteinrichtung. 5. Auflage, 1893, Seite 1 und 5.
**) Graner, Die Forstbetriebseinrichtung, 1889, Seite 2.
***) Weber, Lehrbuch der Forsteinrichtung 1891, Seite 3 und 4.

schärfer ist dies bei Dr. Borggreve*, ausgedrückt, welcher über=
haupt die Aufstellung eines Betriebs= und Nutzungsplanes nur als
Mittel zum Zwecke der Ertragsregelung betrachtet und daher auch
der älteren Bezeichnung „Forstertragsregelung" für unsere Lehre vor
jener der „Betriebsregelung" oder „Forsteinrichtung" den Vorzug
gibt.**)

Judeich stellt dagegen im Anschlusse an H. Cottas
wahres Wort:

„Die gute Einrichtung eines Waldes ist gewöhnlich viel
wichtiger, als dessen Ertragsbestimmung"

die Regelung des Hiebssatzes gegenüber der Herstellung einer guten
Wirtschaftsordnung im Walde selbst entschieden in zweite Linie,***)
und ich schließe mich dieser Auffassung unbedingt an, indem ich

---

* Borggreve, Die Forstabschätzung. 1888, Seite 115.

**) Es mag von Interesse sein, daneben auch die Auffassung eines fran-
zösischen Autors über die Aufgabe der Forsteinrichtung kennen zu lernen.
A. Puton erklärt in seiner „Forsteinrichtung im Nieder= und Hochwaldbetrieb"
(deutsch bearbeitet von E. Liebeneiner, Berlin, bei P. Paren, 1891) den
Begriff der Forsteinrichtung wie folgt:

„Die Forsteinrichtung ist ein Werk, welches das dem Wohle des Wald=
eigenthümers am meisten entsprechende Betriebscapital feststellt und die Art,
Menge, Reihenfolge und Begrenzung der Hauungen so ordnet, dass sie die jährliche Holzerzeugung umfassen, das Stammcapital aber unversehrt lassen."

Mit der letzteren Bestimmung erscheint gleichfalls die Sicherung der Nachhaltigkeit in den Vordergrund gestellt; doch fasst Puton die Forderung der
letzteren keineswegs so strenge auf, als dies bei den meisten unserer Autoren
der Fall ist: er will das entsprechende Betriebscapital (ausdrücklich nicht bloß
im Sinne des Normalvorrathes, sondern zugleich als entsprechende Bestandes=
ordnung gedacht) erhalten oder, wo nöthig, hergestellt wissen, gestattet aber die
sofortige Abnutzung eines Capitalüberschusses, soferne dies die Absatzverhältnisse
zulassen, und ebenso, indem er die generelle Nutzungsordnung lediglich nach annähernd gleichwertigen Flächen anstellt, ein Schwanken des Ertragssatzes in den
einzelnen Perioden. Die Herstellung und strenge Einhaltung einer normalen
Hiebsfolge im Sinne unserer Hiebszüge scheint den Franzosen unbekannt zu sein.
Beachtenswert ist, dass Puton hinsichtlich der Größe des Betriebscapitals, also
auch der Höhe des Umtriebs, den rein privatwirtschaftlichen Standpunkt für berechtigt anerkennt, indem er auch hervorhebt, dass von Privat=Waldbesitzern und
auch von ärmeren Gemeinden die Einhaltung einer höheren Umtriebszeit mit
Verzicht auf die möglichst günstige Verzinsung ihres Betriebscapitals nicht gefordert werden könnte.

***) Vergl. Judeichs Vortrag über „Aufgabe und Bedeutung der Forst-
einrichtung" im internationalen land= und forstwirtschaftlichen Congress in Wien
1890, Seit 132 der Publicationen dieses Congresses.

die planmäßige Regelung des gesammten Wirtschafts=
betriebes und die Herstellung eines geordneten Wald=
zustandes in einem Forste als die wichtigste Aufgabe der
Betriebseinrichtung betrachte, bei welcher selbstverständlich auch
die Sicherung nachhaltiger Nutzungen, soweit dies nach den vor=
liegenden Verhältnissen erforderlich und möglich ist, in Betracht zu
kommen hat.*)

Im besonderen können wir als Aufgaben der Forsteinrichtung
bezeichnen:

1. Die Feststellung der allgemeinen Grundzüge für die künftige
Bewirtschaftung, insbesondere im Hinblick auf Betriebsart, Wahl
der Holzarten und Höhe des Umtriebes.

2. Ordnung und Einrichtung des Waldstandes im allgemeinen
in dem Sinne, daß damit dessen zweckmäßigste Bewirtschaftung er=
möglicht wird. Diese Ordnung erfolgt hauptsächlich durch die
Waldeintheilung und Feststellung der Hiebsfolge.

3. Planmäßige Regelung der Wirtschaft für den nächstliegenden
(je nach Umständen kürzeren oder längeren) Zeitraum, insbesondere
der Nutzungen nach ihrer Größe und örtlichen Vertheilung, durch
Aufstellung von Betriebsplänen.

4. Einführung einer dem Zwecke entsprechenden Buchführung
über die Ergebnisse der Wirtschaft im einzelnen und im ganzen,
nach Erträgen (und zwar nach Material= und Gelderträgen) und
Kosten, um den Erfolg in klarer und übersichtlicher Weise zu ver=
zeichnen und damit zugleich eine Grundlage für die weitere Fort=
bildung der Betriebseinrichtung zu gewinnen.

Der Wirtschaftsführung gegenüber soll die Forsteinrichtung
die Einhaltung einer gewissen Ordnung und Stetigkeit im
Betriebe, sowie bestimmter Grenzen in den Nutzungen sichern, ohne
die erstere in der Ausführung des Betriebes unnöthig zu beengen.
Zu diesem Zwecke verlangen wir die Mitwirkung des Betriebsführers
bei allen principiell entscheidenden Maßnahmen der ersten Einrichtung
sowohl, als auch der weiteren Revisionen und ebenso andererseits die
volle Vertrautheit mit den Aufgaben der Verwaltung von Seite des
Betriebseinrichters. Die gänzliche Überlassung der Betriebsein=
richtung an den Wirtschaftsführer in Eigenregie aber, wie solche

---

*) Vergl. die Abhandlung: „Die Aufgaben und Ziele der Forstbetriebs=
einrichtung.“ Jahrgang 1891, Seite 315 u. ff. der Österr. Vierteljahresschrift
für Forstwesen“.

von mehreren Seiten befürwortet wurde, und welche consequenter
Weise auch jedem folgenden Wirtschaftsführer je nach dessen An=
sichten und Neigungen eingeräumt werden müßte, ist mit dem obigen
Ziele nicht vereinbar. *)

Auch dem Waldbesitzer, beziehungsweise der von diesem be=
stellten obersten Leitung der ganzen Verwaltung gegenüber hat die Forst=
einrichtung eine wichtige Aufgabe darin zu erfüllen, daß sie es diesem
ermöglicht, den eigenen Standpunkt hinsichtlich der künftigen Gestaltung
des Forstes und des Betriebes, sowie hinsichtlich der für den nächsten
Zeitraum festzustellenden Nutzungen je nach den persönlichen Ver=
hältnissen und Absichten in weit einfacherer und wirksamerer Weise
zu wahren, als dies durch Beeinflussung jeder einzelnen Betriebs=
maßnahme des Wirtschaftsführers möglich wäre. Die Hauptbestim=
mungen der Einrichtung sollen daher so aufgefaßt werden, daß
dieselben den Willen und die Absichten des Besitzers oder der Wirt=
schaftsleitung, nicht aber das Gutdünken des Betriebseinrichters
zum Ausdruck bringen, in welchem Sinne allerdings auch alle
wesentlichen Bestimmungen der Einrichtung, wie Betriebsform, Um=
triebszeit, Eintheilung und Hiebsfolge, Nutzungs= und Culturplan rc.,
der Entscheidung des Waldbesitzers oder seines Vertreters auf Grund
einer vorausgehenden vollständigen Orientierung über die einfluß=
nehmenden Verhältnisse, die weldbaulichen und finanziellen Conse=
quenzen rc. vorbehalten werden müßten. Allerdings erfolgt heute
schon bei den meisten größeren Verwaltungen die Genehmigung der
einzelnen Einrichtungsoperate, aber in der Regel erst nach Fertig=
stellung des ganzen Operates in Bausch und Bogen, und wir ver=
missen insbesondere zumeist dem Besitzer gegenüber die Klarstellung
des finanziellen Effectes der für die Zukunft beantragten Bewirt=
schaftung, sowie der finanziellen Opfer, welche nach den Nutzungs=
anträgen der Wahrung des Nachhaltigkeitsprincips einerseits und
der Herstellung einer normalen Bestandesordnung anderseits gebracht
werden sollen. Gerade in diesen Punkten aber müßte es dem Besitzer

*) Damit soll nicht gesagt sein, daß nicht der Wirtschaftsführer unter
Umständen, sofern seine Verwaltungsgeschäfte dies ermöglichen, auch selbst zugleich
Betriebseinrichter sein könne: wohl aber, daß auch in diesem Falle die Wahrung
der gegebenen allgemeinen Normen und Grundsätze der Einrichtung, sowie der
speciellen Absichten der Wirtschaftsleitung (bezw. des Waldbesitzers selbst) gesichert
sein müßte. Im allgemeinen wird dies durch das von mir als Regel voraus=
gesetzte Zusammenwirken des Wirtschaftsführers, des Betriebseinrichters und
eines Vertreters der leitenden Stelle bei der Forsteinrichtung am sichersten
erreicht werden.

vorbehalten sein, je nach seinen persönlichen Verhältnissen und Ab=
sichten zu entscheiden — während er die Entscheidung in rein tech=
nischen Fragen, wie jener der Betriebsform, der Bestandesbe=
gründung ꝛc., sicher dem Übereinkommen zwischen dem Betriebs=
führer, dem Betriebseinrichter und eventuell der leitenden oder
inspicierenden Stelle überlassen wird.

Auf eine weitere wichtige Aufgabe, welche die Betriebsein=
richtung bei manchen Kategorien des Waldes und Waldbesitzes erfüllt,
indem sie die Ingerenz des Staates, sei es vom vermögensrecht=
lichen (bei Fideicommiß=, Gemeinde= und sonstigen Forsten, bei
welchen dem jeweiligen Besitzer nur der Nutzgenuß zusteht) oder
vom forstpolizeilichen Standpunkte (bei Schutz= und Bannwäldern),
in bester und wirksamster Weise ermöglicht, sei hier nur kurz hinge=
wiesen. Jedenfalls kann durch die Aufstellung und Genehmigung von
Betriebsplänen für solche Wälder dem jeweiligen Zwecke der Ingerenz
des Staates viel besser entsprochen und dabei auch das Interesse des
Waldbesitzers mehr gewahrt werden, als durch die allgemeine Vor=
schreibung einer bestimmten Betriebsweise (z. B. des Plenterbetriebes)
für die letztere, oder durch zeitweilige und immer erst nachträglich
erfolgende Waldstandsrevisionen für die erstere Kategorie des Wald=
besitzes.

Die Ziele der Forstwirtschaft.

Als allgemeiner Rahmen und oberstes Ziel jeder Forstwirt=
schaft ist die Erhaltung des Waldes und der vollen Pro=
ductionsfähigkeit des Waldbodens als selbstverständlich voraus=
zustellen; beides bildet die nothwendige Voraussetzung einer Wald=
wirtschaft, und keine Wirtschaft kann sich der Grundlage, auf der
sie beruht, berauben wollen.

Innerhalb dieser gegebenen Grenze nun fanden und finden
verschiedene Auffassungen über die in der Forstwirtschaft anzu=
strebenden Ziele Geltung. Es kommen hier hauptsächlich die Fragen,
ob höchste Waldrente oder höchste Rentabilität anzustreben sei, dann
die Forderung der Nachhaltigkeit und die Herstellung des soge=
nannten Normal=Waldstandes in Betracht.

Jndeich bezeichnet, wie bereits oben erwähnt, „die möglichst
vortheilhafte Benutzung des zur Holzzucht bestimmten Grund und
Bodens" als das in unserer Wirtschaft und somit auch in der Forst=
einrichtung anzustrebende Ziel; ich möchte, bei voller Zustimmung,

doch dieses Programm dahin erweitert sehen, daß wir, speciell im Sinne der Bestandeswirtschaft, die vortheilhafteste Benutzung des der Waldcultur gewidmeten Bodens und der darauf vorhandenen Bestände als das Hauptziel unserer Wirtschaft und ihrer Einrichtung betrachten. Die Bestände sind als die Grundlage und das Object aller Nutzungen der nächsten Zeit für die Gegenwart viel wichtiger als der Boden, dessen beste Benutzung zumeist erst nach dem Abtrieb der jetzigen Bestände eintreten kann, und es ist daher die besondere Hervorhebung ihrer zweckmäßigsten Benutzung als Aufgabe der Forstwirtschaft gewiß berechtigt.

Im weiteren halte ich es, obwohl auf dem Boden der Preßler-schen Reinertragslehre stehend, nicht als ganz entsprechend und auch nicht als zweckmäßig, die Erzielung der höchsten Verzinsung des Betriebscapitales, oder des höchsten Unternehmergewinnes, oder auch des höchsten Bodenerwartungswertes als ausschließlich oder wenigstens in erster Linie maßgebend für das aufzustellende Betriebssystem in den Vordergrund zu stellen; als nicht ganz entsprechend deßhalb, weil in jeder Wirtschaft, insbesondere aber in der des Vermögenden (und Waldwirtschaft im großen ist eigentlich nur in der Hand des Vermögenden denkbar) nicht allein die Höhe des Verzinsungs-Procentes, sondern auch die Höhe der Zinsen selbst (die Größe der Rente) in Betracht zu ziehen ist (den vermöglichen Waldbesitzer kann die höhere Rente, welche er aus dem Hochwaldbetriebe bei bescheidener Verzinsung des Waldcapitals bezieht, entschieden mehr befriedigen, als die geringe Rente, welche ihm der Niederwald gewähren würde, trotz der höheren Verzinsung des letzteren); nicht zweckmäßig aber, weil diese Form der Rentabilitätsforderung einerseits zu irriger Auffassung und Beurtheilung der letzteren selbst geführt hat und damit der Geltendmachung und Anerkennung des unstreitig auch in der Forstwirtschaft berechtigten Rentabilitäts-princips nachtheilig war, und weil anderseits Unternehmergewinn und Bodenwert, wenn auch in der forstlichen Statik als Ausdruck der Rentabilität vollkommen berechtigt, doch bei dem Umstande, als beide im Forstertrage nie für sich selbst zum Ausdruck kommen, ja, von einem Unternehmergewinn in Wirklichkeit überhaupt kaum die Rede sein kann, und bei der sehr geringen Größe, die speciell dem Bodenwerte in der Waldwirtschaft gegenüber dem Werte des Holz-vorrathscapitals zumeist zukommt, bei den praktischen Forstwirten als die allein entscheidende Grundlage der Betriebsregelung kaum jemals Anklang finden dürften.

Also nicht die Erzielung der höchsten Rentabilität im Sinne des höchsten Verzinsungsprocentes, welche Forderung ja in letzter Consequenz uns durchwegs zum Niederwalde oder zu Betriebs= formen mit sehr geringem Waldcapital führen würde, aber auch nicht die der höchsten Rente ohne Rücksicht auf Rentabilität kann für sich allein das maßgebende Ziel unserer Wirtschaft bilden: wir dürfen vielmehr wohl als die Aufgabe der Forstwirtschaft und somit auch der Forsteinrichtung die bezeichnen, mit dem gegebenen Waldcapital eine möglichst hohe Rente bei genügender Rentabilität, d. h. bei noch entsprechender Verzinsung des Capitals, zu erzielen. Darüber, welche Verzinsung noch als ausreichend an= gesehen werden darf, haben in erster Linie die Verhältnisse und Absichten des Waldbesitzers zu entscheiden.

Ich glaube, mich mit diesem, zwischen den beiden genannten Forderungen vermittelnden Programme auch mit dem hervorragend= sten Vertreter des Reinertragsprincipes in der Forsteinrichtungs= lehre, mit Judeich, keineswegs in Widerspruch zu befinden, denn Judeich hat in dem Resumé seines obenerwähnten Vortrages aus= drücklich hervorgehoben, daß es nur mit Hilfe einer entsprechenden Waldeintheilung mit kleinen Hiebszügen möglich sei, eine Bestandes= wirtschaft zu treiben, „welche die Waldrente bei entsprechen= der Verzinsung des Vorraths= und Bodencapitals auf ein Maximum hebt".*)

Zu fordern ist in dieser Richtung von der Forsteinrichtung, daß sie bei Feststellung des künftigen Betriebes nicht bloß die Höhe der erzielbaren Rente, sondern auch die Größe des dafür thätigen Capitals in Betracht ziehe und gegebenen Falles von Betriebs= formen, welche eine entsprechende Verzinsung des letzteren nicht in Aussicht stellen, zu besser rentierenden (z. B. vom Kahlschlagbetriebe mit bis zum Abtrieb geschlossenen Beständen zum Lichtungs=, Vor= verjüngungs=, eventuell auch Überhaltsbetriebe) übergehe.

Von der größten Bedeutung für die Durchführung der Forst= einrichtung, insbesondere für die Größe der für die nächste Zeit fest= zustellenden Nutzungen, ist die Entscheidung, inwieweit dabei die Forderung der Nachhaltigkeit zu berücksichtigen sei. Ich glaube, mich

---

*) A. a. O. Seite 20. Auch Prof. Dr. Weber scheint im wesentlichen auf demselben Standpunkte zu stehen, indem er in seinem „Lehrbuch der Forstein= richtung" (Seite 419) sagt: „Die Verzinsungsfrage ist somit zwar ein beachtens= werter Gesichtspunkt, aber nicht das ausschließlich in Betracht kommende Princip der Forstwirtschaft."

in der Erörterung dieser Frage hier kurz fassen zu dürfen, in Hin=
blick auf deren eingehende Behandlung in dem von mir auf dem
internationalen land= und forstwirtschaftlichen Congresse in Wien 1890
über dieselbe erstatteten Referate.*)

Wenn ich sage, daß die Forderung der Nachhaltigkeit in der
Forstwirtschaft heute nicht mehr in demselben Sinne gestellt werden
könne, wie dies früher der Fall war, so bezieht sich dies auf die
Forderung strengster Nachhaltigkeit im Sinne möglichst gleichgroßer
periodischer oder selbst jährlicher Nutzungen; daß wir dabei der
Zukunft Wald und Waldboden in voller Productionsfähigkeit zu
erhalten und zu überlassen haben, steht außer Frage. Dies erfordert
jedoch keineswegs auch eine strenge Ausgleichung der Erträge innerhalb
des nächsten Einrichtungszeitraumes, welche meist nur mit bedeutenden
Opfern hinsichtlich der „vortheilhaftesten Benutzung der gegenwärtig
vorhandenen Bestände" zu erreichen ist und daher in diesem Falle
dem oben aufgestellten Hauptziele unserer Wirtschaft widerstreitet.

Gleichwohl wird auch die heutige Betriebseinrichtung, mit
Rücksicht darauf, daß in jeder größeren Verwaltung eine gewisse
Stetigkeit des Betriebes und ebenso dem Besitzer zumeist eine ge=
sicherte, annähernd gleichmäßige Rente erwünscht ist, bestrebt sein,
größere Schwankungen des Ertrages, soweit dies ohne besondere Opfer
thunlich ist, und soweit dies überhaupt heute schon vorher bemessen
werden kann, zu vermeiden und auch für die Zukunft durch Herstellung
eines geordneten Altersclassenverhältnisses die Grundlage für jene
wünschenswerte Stetigkeit und Gleichmäßigkeit des Betriebes und
Ertrages zu schaffen. Beides verlangt jedoch keineswegs eine strenge
Ausgleichung der Perioden= oder Jahreserträge, und es ist demnach
das Hinausschieben der Nutzung bereits hiebsreifer Bestände, soweit
dieselben nach Absatz= oder waldbaulichen Rücksichten rascher aus=
genützt werden können, sowie das Heranziehen jüngerer Bestände
zu vorzeitiger Nutzung, lediglich für den Zweck der Ertragsaus=
gleichung, heute nicht mehr berechtigt.

Die weitere Frage, ob und inwieweit die Betriebseinrichtung
die Herstellung des sogenannten Normalzustandes ins Auge zu
fassen habe, beantwortet sich aus dem Vorstehenden zum Theile von
selbst. Das Vorhandensein eines annähernd normalen Altersclassen=
verhältnisses innerhalb eines als selbständiges Ertragsobject zu be
trachtenden Bestandes= oder Waldcomplexes ist als die Grundlage

---

*) Heft 82 der Verhandlungen dieses Congresses; dann im Jahrgange 1890,
Seite 238 u. ff., der „Österr. Vierteljahresschrift für Forstwesen".

eines stetigen und gleichmäßigen Ertrages aus demselben jedenfalls wünschenswert, jedoch keineswegs eine nothwendige Voraussetzung zweckmäßiger und vortheilhaftester Bewirtschaftung dort, wo die Besitz- und sonstigen Verhältnisse eine solche Gleichmäßigkeit des Ertrages nicht erfordern. Die Herstellung des normalen Altersclassenverhältnisses kann daher auch nicht unbedingt und nicht in erster Linie als die Aufgabe der Forsteinrichtung angesehen werden. Selbst dort, wo strengere Nachhaltigkeit angestrebt wird, wäre eine mit Opfern in Bezug auf die zweckmäßigste Bestandesnutzung erkaufte strenge Ausgleichung der periodischen Nutzungsflächen für diesen Zweck umsoweniger berechtigt, als eine geringe Abweichung in der Größe der einzelnen Altersclassen keinen wirtschaftlich wesentlichen Nachtheil (meist nur eine geringe Abweichung im Hiebsalter oder in der Gleichmäßigkeit des Ertrages) mit sich bringt, als ferner das als „normal" gedachte Altersclassenverhältnis keineswegs als für immerwährende Zeiten normal angesehen werden kann, da dasselbe stets nur für eine bestimmte Umtriebszeit geltend ist und daher mit dieser in Zukunft noch mancher Änderung hinsichtlich der normalen Größe der einzelnen Altersclassen unterliegen dürfte.

Von dauernder und ausschlaggebender Bedeutung für die Erreichung unseres Wirtschaftszieles „der vortheilhaftesten Benutzung des Bodens und der Bestände" sind dagegen die beiden anderen Bedingungen des Normalzustandes, d. i. das Vorhandensein des normalen Zuwachses und einer entsprechenden Bestandesordnung, insoferne als ein abnormer, d. h. unvollkommener Zuwachs stets eine ungenügende Ausnutzung der Productionsfähigkeit des Bodens bedeutet, eine ungeregelte Begrenzung und Lage der Bestände aber der angestrebten Wirtschaftsordnung und der rechtzeitigen Benutzung jedes einzelnen Bestandes entgegen ist.

Als eine der wichtigsten Aufgaben der Forsteinrichtung bezeichnet daher Judeich mit Recht die Herstellung einer guten Bestandesordnung, auf welche wir später noch zurückkommen.

Die Maßregeln der Zuwachspflege gehören zumeist dem Gebiete der Productionslehre und dem Wirkungskreise des Betriebsführers an; aber auch der Betriebseinrichter hat bei der Aufstellung des Wirtschaftsprogrammes und der Betriebspläne auf die möglichste Hebung und Förderung des Zuwachses nach Menge und Wert durch baldige Aufforstung aller Blößen, durch Wahl der jedem Standorte am meisten entsprechenden Holzarten, durch sorgfältigen Läuterungs-, Durchforstungs- und Lichtungsbetrieb, durch Meliora-

2

tion verbesserungsfähiger Standorte, endlich und hauptsächlich aber durch baldigen Abtrieb zuwachsarmer Bestände hinzuwirken.

Damit werden ergiebige und wertvolle Holzmassenerträge für die Zukunft weit mehr gesichert, als durch die bloße Ertragsregelung. Wenn wir dabei weiter unsere Nutzungen so ordnen, daß, unter Einhaltung einer zweckmäßigen Hiebsfolge, die Nutzungsflächen der einzelnen Zeitperioden von der normalen Periodenfläche für die angenommene Umtriebszeit nicht zu weit differieren, so wird damit ein richtiges Altersclassenverhältnis am sichersten und in einer selbst für strengere (allerdings nicht strengste) Nachhaltigkeitsforderung genügenden Weise hergestellt.

Noch möge die Frage kurz in Betracht gezogen werden, ob die für den einzelnen Forstbesitz immerhin als wünschenswert bezeichnete Annäherung an den Normalstand im Sinne der Nachhaltigkeit auch auf die einzelnen Verwaltungsbezirke eines größeren Besitzes und auf jede Betriebsclasse innerhalb dieser auszudehnen sei.

Für die Verwaltungsbezirke halte ich dies, soferne dieselben meist auch besondere Absatzgebiete für sich sind, dann schon der Continuität des Betriebes und der Arbeitsvergebung wegen, für angezeigt; wo jedoch mehrere solche Bezirke ein einziges Absatzgebiet darstellen, können dieselben, falls damit den gegenwärtigen Bestandesverhältnissen besser entsprochen werden kann, ohneweiters auch, wenigstens vorübergehend, für die Betriebseinrichtung in e i n e Wirtschaftseinheit zusammengelegt werden.

Die einzelnen Betriebsclassen bilden, wenn selbe nicht be sonderer Bedarfsdeckung wegen, z. B. zur Deckung von Einforstungsrechten, ausgeschieden sind, in welchem Falle dieselben selbstverständlich für nachhaltigen Ertrag eingerichtet werden müssen, innerhalb des Verwaltungsbezirkes in der Regel nicht für sich, sondern nur in ihrer Gesammtheit ein selbständiges Ertragsobject, und es genügt demnach, wenn die Nachhaltigkeit der Nutzungen, soweit diese überhaupt erfordert wird, auch für die Gesammtheit der Betriebsclassen gesichert ist. Die heute noch zumeist geltende Ansicht, daß jede Betriebsclasse für sich auf nachhaltigen Betrieb eingerichtet werden müsse*), entstammt der Idee des Normalwaldes, der sich

*) Auch in den neuesten Lehrbüchern der Forsteinrichtung wird die Be triebsclasse als „die Zusammenfassung derjenigen Waldtheile, welche zu einer Nachhaltswirtschaft verbunden und künftig nach einerlei Betriebsart und Um triebszeit bewirtschaftet werden sollen" (Weber), dann als „Gesammtheit der Bestände, welche zu gemeinschaftlicher Ordnung eines nachhaltigen Betriebes ver bunden werden", beziehungsweise als „die wirtschaftliche Einheit für die Her stellung des Normalzustandes" (Granet) definiert.

allerdings nur für je eine Betriebsclasse mit einerlei Betriebsart und gleichem Umtriebsalter construieren läßt.

Für die Betriebsclasse in dem Sinne, wie selbe zumeist aufgefaßt wird, d. h. „als die Gesammtheit der innerhalb eines Wirtschaftsganzen derselben Betriebsart und Umtriebszeit zugewiesenen Bestände", ist die Ordnung eines strengen Nachhaltsbetriebes keineswegs nothwendig; doch mag es bei wesentlich verschiedenem Werthsertrage der einzelnen Betriebsclassen (z. B. Hochwald und Niederwald) erwünscht sein, dieselben nach und nach in einen annähernd normalen Stand überzuführen. Es ist auch hier zu erwägen, daß der von uns gedachte „Normalzustand" keineswegs ein unveränderliches Ding ist, daß ferner aber auch die Betriebsclassen in ihrer von uns bestimmten Eintheilung und Abgrenzung möglicherweise weiterhin manchen Veränderungen unterliegen, und daß, wenn bei späteren Revisionen der Einrichtung Betriebsclassen zusammengelegt, oder einzelne Theile einer solchen, für welche eine andere Betriebsform sich als zweckmäßig herausstellt, als selbständige Betriebsclasse ausgeschieden, oder auch nur die Grenzen derselben gegenseitig geändert werden, der vielleicht mit großen Opfern hergestellte Normalstand wieder verloren geht, ebenso wie es auch mit den Verwaltungsbezirken der Fall ist, wenn wiederholt Änderungen in ihrer Abgrenzung eintreten.

Feststellung der Grundzüge für die künftige Bewirtschaftung.

Es sind dies jene allgemeinen Bestimmungen über den künftigen Betrieb, welche in „Wirtschaftsregeln", „Betriebsvorschriften" oder einem „Grundlagenprotokolle" niedergelegt werden; dieselben sollen womöglich aus einer gemeinsamen Berathung des Betriebseinrichters, des Betriebsführers und des leitenden, beziehungsweise inspicierenden Beamten für den betreffenden Bezirk hervorgehen.

Diese Bestimmungen erstrecken sich in der Regel auf alle wichtigeren Grundlagen und Zweige des gesammten Forstbetriebes; so insbesondere auf die Betriebsart und Art der Schlagführung, auf die Wahl der Holzarten und der Umtriebszeit und die Feststellung der hienach zu bildenden Betriebsclassen, dann auf die Art der Bestandesbegründung und des Culturbetriebes, auf die Bestandes- und Bodenpflege (Ausführung der Läuterungen, Durchforstungen, Lichtungshiebe, Aufastung ꝛc., Arbeiten der Bodenmelioration), auf die Aufarbeitung, Sortierung und den Transport

2*

des Holzes und auf dessen Verwertung, auf Betrieb und Ausdehnung der Nebennutzungen, endlich wohl auch auf die Regelung der Besitzverhältnisse selbst und der damit verbundenen Rechte und Lasten. Für uns kommen hier nur die Bestimmungen über Betriebsart, Holzart und Umtrieb in Betracht.

Einflußnehmend auf diese Bestimmungen sind bekanntlich besonders die Standortsverhältnisse, die Absatz- und Transportverhältnisse, aber auch die Vermögensverhältnisse des Besitzers, eventuell auch vermögensrechtliche oder forstpolizeiliche Beschränkungen oder sonstige Rechtsverbindlichkeiten; nebstdem aber auch die Bevölkerung und der Culturzustand der Umgebung, dann die Arbeiter- und Personalverhältnisse, letztere bezüglich der Zulässigkeit eines größeren oder geringeren Aufwandes an mechanischer oder geistiger Arbeit.

Neben diesen genannten Umständen wird aber stets auch das thatsächlich Vorhandene, d. h. der gegenwärtige Zustand des Waldes in Bezug auf Holzart, Bestandesform, Altersclassen ꝛc. auf unsere Bestimmungen seinen Einfluß ausüben. Wir können umsoweniger von der bisherigen Gestaltung des Waldes und des Betriebes ganz abstrahieren, als wir für lange Zeit, d. h. zumeist für den ganzen ersten Umtrieb, mit dem Gegebenen rechnen müssen, und nicht, wie der Landwirt, in der Lage sind, neue Betriebsformen rasch einzuführen und nichtconvenierenden Falls ebenso rasch wieder zum früheren Betrieb zurückzukehren. In der Forstwirtschaft ist jede Umwandlung mit mehrfachen Opfern Störungen des Betriebes und Schwankungen des Ertrages verbunden, und soll daher nur dann daran gegangen werden, wenn der zu erzielende Vortheil ein unzweifelhafter und ausschlaggebender ist.

Alle diese Bestimmungen, insbesondere jene über Holzart und Umtrieb, beziehen sich vorwiegend auf das künftige Waldbild, beeinflussen zumeist den künftigen Ertrag; sie sollen daher nicht lediglich nach den gegenwärtigen Verhältnissen, sondern, soweit dies überhaupt möglich, mit Voraussicht ihrer wahrscheinlichen künftigen Gestaltung in Bezug auf Absatz und Transportmittel, technische Verwendbarkeit des Holzes ꝛc., dann in Bezug auf die Concurrenz anderer Materialien, sowie des umliegenden Waldbesitzes getroffen werden.

a) Wahl der Betriebsart.

Mit der Wahl der Betriebsart ist auch die Rentabilitätsfrage zum Theil bereits entschieden. Bei großem Vermögen des Besitzers, der in diesem Falle meist aus seinem Waldbesitze eine hohe Rente auch bei geringerer Verzinsung beziehen will, ist der Hochwaldbetrieb, und zwar meist schlagweise mit höherem Umtrieb, am Platze; bei geringem Vermögen wird das Streben nach Verringerung des Waldcapitals und möglichst hoher Verzinsung desselben gerichtet sein, und diesem entspricht der Niederwald oder, wo dieser nicht möglich, der Hochwald mit niederem Umtrieb, vorwiegend in Plenterwaldform, da diese in der Regel kein so wertvolles Holzvorrathscapital umfasst, als die schlagweise Betriebsform. Die größte Einfachheit des Betriebes, also auch dessen Durchführbarkeit mit einem weniger gebildeten Personale, steht auf Seite des Niederwaldes und des Kahlschlagbetriebes, dagegen stellen der Mittelwald und ein gut geführter Plenterbetrieb, sowie die neueren Betriebsformen, wie Lichtwuchs- und Überhaltbetrieb, die horst- und gruppenweise Verjüngung u. s. w. die meisten Anforderungen an die Kenntnis und Thätigkeit des Personales.

Den Mittelwald halte ich, wo der Standort und die vorhandenen Holzarten diesen Betrieb gestatten, trotzdem ihm Borggreve die Existenzberechtigung abspricht, auch vom Standpunkte des Betriebseinrichters aus für eine sehr beachtenswerte Betriebsform; er verbindet eine hohe Wertproduction mit günstiger Rentabilität, gestattet möglichst individuelle Behandlung für jeden Einzelstamm und für jeden abweichenden Standort und entspricht nebenbei wohl auch unserer Forderung an die Schönheit des Waldbildes mit seinen kräftig entwickelten Einzelstämmen und Stammgruppen von allen Betriebsarten am meisten. Insbesondere dürfte eine noch rentable Erziehung von Eichen-Starkholz in unseren Waldgebieten meist nur im Mittelwalde noch möglich sein.

Dabei setzt allerdings der Mittelwaldbetrieb, wie bereits angedeutet, eine sehr sorgfältige Behandlung und Pflege, insbesondere in der Vertheilung und Stammerziehung, sowie in der Kronenausbildung (Anfastung!) des Oberholzes voraus, wenn nicht der Nutzen desselben durch der Entgang an Zuwachs des Unterholzes aufgewogen werden soll.

Dem Niederwalde für die Zukunft eine größere Ausdehnung zu geben, würde ich, wo nicht besondere Umstände für denselben sprechen, schon mit Rücksicht auf die fragliche Absatzfähigkeit seines technisch wenig verwertbaren Materials für bedenklich halten; eher dürfte sich umgekehrt dessen Überführung in Mittelwald oder Hochwald an manchen Orten empfehlen.

In der Wahl zwischen Kahlhiebs- und Vorverjüngungsbetrieb bei schlagweise bewirtschaftetem Hochwald wird auch der

Betriebseinrichter dem letzteren, mit Rücksicht auf die Erhöhung des gesammten Massen- und Wertszuwachses, auf die gesicherte Verjüngung und auf die längere Erhaltung eines genügenden Verzinsungsprocentes im gelichteten Altbestande, entschieden den Vorzug einräumen. Dem Kahl= schlagbetriebe werden, abgesehen von den Nachtheilen der gänzlichen Bodenentblößung, immer die ungenügende Benutzung der Productions= fähigkeit des Bodens in den jüngsten (1= bis 10= und selbst bis 20jährigen) Beständen, somit auf ⅛ und selbst ¼ der Gesammtfläche, und das rasche Sinken des Zuwachsprocentes an Masse und Wert in den höheren Altersstufen als wesentliche Nachtheile anhängen; gleichwohl wäre es nicht berechtigt, heute schon über diese Betriebsform gänzlich den Stab zu brechen; sie wird vielmehr als die einfachste und am leichtesten zu regelnde Betriebsform, oder mit Rücksicht auf den billigeren Transport, auf die freie Wahl der sodann anzubauenden Holzarten und die Zulässigkeit einer vorübergehenden landwirt= schaftlichen Benutzung des Bodens, an besonders windgefährdeten Orten wohl auch wegen der den gelichteten Bestand bedrohenden Windwurfsgefahr, auch weiterhin in vielen Fällen ihr Recht behaupten. Es wird Sache des Betriebseinrichters sein, im einzelnen Falle die Vor= und Nachtheile gegenseitig abzuwägen.

Zu denjenigen Betriebsformen, welche in letzter Zeit wieder warme Vertheidiger und Anhänger gefunden haben, gehört bekanntlich der Plenterwald. Bei aller Anerkennung seiner Vorzüge in Bezug auf Widerstandsfähigkeit, beste Ausnutzung des Wuchsraumes, natur= gemäße Entwicklung und Verjüngung ꝛc., welche letzteren Vorzüge ich übrigens bisher noch immer mehr in den Büchern als im wirklichen Plenterwalde selbst gefunden habe, könnte ich der Umwandlung unserer gleichalterigen Hochwälder in Plenterwald im größeren Maßstabe nicht das Wort reden und würde auch da, wo der Plenterbetrieb für einzelne Waldstrecken als oberster Waldgürtel, Schutzwald u. dgl. gewählt werden muß, demselben nicht mehr Fläche zuweisen, als unbedingt nothwendig ist.

Die plenterweise Nutzung setzt, wenn sie nicht mit einer bedeutenden Erhöhung der Gewinnungskosten verbunden sein soll, das Vorhandensein eines sehr gut ausgebildeten Wegnetzes voraus, dessen Anlage aber in Gebirgsforsten meist ganz unverhältnismäßige Kosten beanspruchen würde. Besonders in steilen Lehnen, für welche vielfach der Plenterhieb als die einzig zulässige Betriebsform ange= sehen wird, ist ohne solches Wegnetz, dessen Ausführung kaum mög= lich), oder doch mit einer solchen Beschädigung des verbleibenden Be=

standes verbunden, daß deren Wertsbetrag nicht selten größer ist, als der Wert des genutzten Holzes. Für solche Lehnen ist also der Abtrieb in schmalen Saumschlägen meist viel angezeigter, als die plenterweise Nutzung.

Als angezeigt oder nothwendig muß dagegen die Wahl des Plenterbetriebes erkannt werden:

a) für kleine Waldflächen, insbesondere, wenn dieselben dabei die verschiedenartigen Bedürfnisse einer Haus= und Gutswirtschaft decken sollen; also für den bäuerlichen Waldbesitz, Servitutswälder und dergl.;

b) dort, wo die Eigenschaft des Waldes (als Bann= oder Schutzwald) die stete Erhaltung desselben in annähernd gleichem Be= stande und in voller Widerstandsfähigkeit nothwendig macht;

c) dort, wo die Erziehung eines geschlossenen Hochwaldes schon nach den standörtlichen Verhältnissen nicht zulässig ist, also an der Baumvegetationsgrenze, in felsigem Terrain u. dgl.;

d) aus landschaftlichen Rücksichten in mehr dem Vergnügen gewidmeten, als zum Ertrage bestimmten Parkwäldern.

Wenn wir damit die Berechtigung des Plenterbetriebes im Parkwalde, wo jede einzelne Baumgruppe vom ästhetischen Gesichts= punkte aus behandelt und gepflegt werden kann, ohneweiters zugeben, so muß dagegen die vielfach verbreitete Meinung, als würde unser Wald im Ganzen durch Überführung in die Plenterwaldform an Schönheit gewinnen, als ein Irrthum bezeichnet werden; auf große Flächen ausgedehnt, müßte der Plenterwald mit seiner stets gleichen Zusammensetzung aus allen Altersclassen nothwendig eintönig wirken, und unsere schönen Waldbilder, mit den frischgrünen Jungbeständen, den wuchskräftigen Stangen= und Mittelhölzern, sowie den majestätisch geschlossenen Altbeständen in ihrer stets wieder anregenden Ab= wechslung, würden damit verloren gehen.

Der Betriebseinrichtung und Ertragsbestimmung bietet der Plenterwald heute noch erhebliche Schwierigkeiten; unsere Kenntnis von dem Wachsthumsgange und der normalen Zusammensetzung des Plenterwaldes ist trotz einzelner, sehr dankenswerter Mittheilungen hierüber*) im allgemeinen noch gering, und es fehlt der Einrichtung,

---

*) Vergl. die Aufsätze: „Zur Betriebseinrichtungsfrage im Plenterwalde" und „Der Plenterwald, sein Normalbild, Holzvorrath, Zuwachs und Ertrag" von L. Hufnagl im Jahrgang 1892 und 1893 der „Österr. Vierteljahresschrift für Forstwesen".

welche sich gerade hier in der Bestandesordnung, Ertragsregelung und Beurtheilung der Hiebsreife auf eine genaue Kenntnis dieser Zuwachsverhältnisse stützen müßte, somit die geeignete Basis.

Als allgemeinen Grundsatz bezüglich der Wahl der Betriebsart möchte ich hinstellen: Anschluß an das Bestehende, dabei womöglich Übergang zu intensiveren Betriebsformen, namentlich solchen, welche infolge natürlicher Verjüngung, Benützung des Lichtungszuwachses und vorwiegender Zuwachspflege für den Einzelstamm eine bessere Rentabilität als die bisherige Betriebsform versprechen. Die höhere Arbeitsintensität (als wirtschaftliche Thätigkeit), welche solche Betriebsformen, wie der Mittelwald und Plenterwald, der Lichtungs-, Verjüngungs- und Überhaltsbetrieb 2c., voraussetzen, ist für die Höhe der Rente bei unbedingt höherer Rentabilität oft wirksamer als eine große Capitalsintensität. Mit einem unverhältnismäßig großen Betriebscapital an wertvollen stehenden Vorräthen eine hohe Rente zu erzielen, ist keine Kunst und kein Verdienst des betreffenden Forstwirtes, wohl aber ist es ein solches, wenn er einem kleineren Betriebscapitale durch wirtschaftliche Thätigkeit dieselbe oder wenigstens eine annähernd gleich große Rente abzugewinnen versteht.

Innerhalb einer Betriebsclasse wäre dem Wirtschafter bezüglich der Form der Schlagführung und Verjüngung ein freierer Spielraum zu geben, um je nach den gegebenen Verhältnissen das Entsprechendste in Anwendung zu bringen. Es kann gar keinem Anstande unterliegen, daß der Wirtschafter innerhalb derselben Betriebsclasse, je nachdem die Standorts-, Bestandes- oder sonstige Verhältnisse es zulassen oder erfordern, in der einen Schlagtour Kahlhiebe führt, dagegen in anderen Besamungs- und Lichtungshiebe oder auch Löcherhiebe zur Herstellung einer horstweisen Bestandesmischung einlegt. Damit vermeiden wir die bisher mit Recht getadelte Uniformität des Betriebes und der nachwachsenden Bestände und anderseits eine allzugroße Zersplitterung der Waldfläche in verschiedene Betriebsclassen.

Zur Bildung besonderer Betriebsclassen würden somit in Hinsicht auf die Betriebsart nur die principiell verschiedenen Betriebsformen, wie schlagweiser Hochwald und Plenterwald, Niederwald und Mittelwald, Veranlassung geben, und selbst im Mittelwald könnten einzelne geringere Standorte von dem Überhalt eines Oberholzes ausgeschlossen werden, ohne deshalb eine eigene Betriebsclasse bilden zu müssen.

b) Wahl der Holzarten.

Für die Wahl der Holzarten sind allerdings in erster Linie waldbauliche Gesichtspunkte entscheidend, und soll dieselbe daher durch die Betriebseinrichtung nur im allgemeinen festgestellt, im besonderen aber dem Wirtschaftsführer überlassen bleiben. Auch hier ist zunächst von jenen Holzarten auszugehen, wie sie die Natur örtlich von selbst gegeben hat; doch ist selbstverständlich die Herein= ziehung von geeigneten Mischholzarten, insbesondere soferne die= selben einen höheren Wertsertrag versprechen, anzustreben und kann den letzteren sogar der Vorrang vor der bisher herrschenden Holzart eingeräumt werden, wo die letztere dem Standorte oder den Absatzverhältnissen nicht mehr entspricht. Es wird dies insbesondere in bisher ausschließlich oder vorwiegend mit der Buche bestockten Waldflächen der Fall sein; doch sollte die letztere Holzart schon ihrer sonstigen sehr schätzenswerten Eigenschaften wegen auf ihr zu= sagenden Standorten umsoweniger ganz verdrängt werden, als keineswegs ausgeschlossen ist, daß das Buchenholz in der Zukunft wieder eine vollkommen lohnende Verwertung finden werde.

Speciell bezüglich der Holzarten und ihrer Mischung kann und soll Ney's Princip einer Wirtschaft der kleinsten Fläche zur Geltung gelangen. Nicht nur die Uniformität im ganzen, sondern auch die Schablone der Mischung in streng nach der Schnur geordneten Reihen wäre aufzugeben und die Mischung in freierer Form, je nach Standort und Holzarten, horst= und gruppenweise oder auch stammweise aus= zuführen. Nur eine solche Mischung entspricht dem Charakter des Waldes und nur bei einer solchen kann den örtlichen Verschiedenheiten des Bodens und der Lage Rechnung getragen werden, was bei den bisher beliebten reihenweisen Pflanzungen selbstverständlich ganz ausgeschlossen ist. Auch die weitere Behandlung und Pflege des Be= standes ist, insbesondere wenn die gewählten Holzarten sich ungleich entwickeln, bei den reihenweisen Pflanzungen sehr wesentlich erschwert.

Was wir vom gemischten Bestande für die Einrichtung und den Ertrag erwarten, ist die größere Sicherheit und Widerstands= fähigkeit gegen Windwurfs= und sonstige Gefahren, daher freiere Beweglichkeit des Hiebes, Erhöhung von Zuwachs und Ertrag der sich gegenseitig im Wachsthum und in der Stammausbildung fördern= den Holzarten, endlich größere Mannigfaltigkeit der Producte, die wir einer späteren Zeit überliefern, deren Bedarf wir heute noch nicht sicher beurtheilen können.

Die Wahl der Holzarten gibt insbesondere auch Gelegenheit, die Schönheit des künftigen Waldbildes zu berücksichtigen, welche Rücksicht auch der Betriebseinrichter nie aus dem Auge verlieren sollte. Ist schon auch in dieser Hinsicht im allgemeinen der naturgemäß gemischte Wald dem vollkommen gleichartigen Bestande vorzuziehen, so gereichen insbesondere am Waldrande die mannigfach und schön ausgebildeten Kronen von hier eingemengten Eichen, Ulmen, Eschen oder Ahornen, im Nadelwalde von einzelnen Buchen, Lärchen oder Weymuthskiefern u. dgl. zu großem Vorzuge; abgesehen davon, daß uns auch die Einsäumung der Bestände an breiten Wegen und Schneisen mit sturmfesteren Holzarten bei der Hiebsführung wesentliche Vortheile bietet.

Wenn endlich etwa die Frage gestellt wird, inwieweit wir über Betriebs- und Holzart nach den Regeln der forstlichen Statik durch Berechnung der Bodenerwartungswerte zu entscheiden hätten, so geht unsere Antwort dahin, daß, insoweit wir über sichere Grundlagen für diese Berechnung verfügen, die finanziellen Effecte der einzelnen Betriebs- und Holzarten jedenfalls klargestellt und bei der Entscheidung mit in Betracht gezogen werden sollen. Leider sind jedoch diese Grundlagen, die eine genaue Kenntnis des Wachsthumsganges und Ertrages für jede in Frage kommende Holz- und Betriebsart voraussetzen, in den meisten Fällen nur für die eine oder andere Betriebsform genügend sicher festzustellen, und es muß daher, da wir den Berechnungen mit rein arbiträren Ertragssätzen kaum einen großen Wert beimessen können, die Entscheidung oft lediglich nach allgemeinem Urtheil getroffen werden. *)

c) Feststellung der Umtriebszeit.

Bevor wir uns nun der vielumstrittenen Frage der Feststellung der Umtriebszeit zuwenden, wollen wir deren Bedeutung für die Einrichtung, die vielfach sehr überschätzt wird, in Kürze klarstellen. Mit der von uns festgestellten Umtriebszeit soll keineswegs das Abtriebsalter der gegenwärtig vorhandenen Bestände

---

*) Ein Beispiel für die Beschaffung der Grundlagen zur Wahl der Holzarten bietet die im Jahrgange 1885 der „Ö. V.f. F.", Seite 200 u. ff., von mir veröffentlichte „Vergleichung des Wachsthumsganges der Buche, Fichte, Tanne und Kiefer in gemischten Beständen des k. k. Ofenbacher Staatsforstes"; ein solches für die Berechnung des finanziellen Nutzeffectes verschiedener Betriebsformen ist in demselben Jahrgange der genannten Zeitschrift in den Seite 330 bis 346 von Forstdirector Breitschneider mitgetheilten Tabellen enthalten.

fixiert, am wenigsten aber sollen damit alle Bestände, die etwa das jener Umtriebszeit entsprechende Alter bereits überschritten haben, als sofort nutzbar erklärt, sondern es soll damit lediglich die Grundlage für die Ordnung des der Zukunft zu überliefernden Waldstandes in dem Sinne gegeben werden, daß die gegenwär= tigen Jung= und die erst neu heranzuziehenden Bestände in jener Zeit voraussichtlich ihre Hiebsreife erreichen. Die Umtriebszeit ist also lediglich als ein Regulator des Betriebes mit Rücksicht auf die für die Zukunft angestrebte Bestandesordnung zu betrachten und nimmt auf den Betriebsplan für die nächste Zeit nur insoferne Einfluß, als die von der Höhe des Umtriebes abhängige normale Größe der Jahres= oder periodischen Schlagfläche bei der Fest= stellung der zulässigen Nutzungen als Anhaltspunkt genommen wird. Für den Zeitpunkt des Abtriebes der einzelnen Bestände ist neben den allgemeinen Rücksichten auf die Herstellung einer Hiebs= und Bestandesordnung nur ihr individuelles Verhalten, ihre Hiebsreife, sei es im Sinne des Weiserprocentes oder eines sonstigen, dafür angenommenen Bestimmungsgrundes, entscheidend.

Bei der Feststellung der Umtriebszeit ist daher auch die voraus= sichtliche künftige Entwicklung der Bestände zu berücksichtigen, welche von der bisherigen, insbesondere von jener, unter welcher unsere gegenwärtigen Altbestände erwachsen sind, oft wesentlich, und zwar in dem Sinne abweichen dürfte, daß infolge der pfleglicheren Erziehung und Behandlung die erforderlichen Dimensionen in kürzerer Zeit erreicht werden können, als dies bei unseren jetzigen Altbeständen der Fall war.

Auch für die Höhe der Waldrente und für die Rentabilität ist die Umtriebszeit keineswegs so ausschließlich oder vorzugsweise maßgebend, als vielfach angenommen wird; die entsprechende Ren= tabilität kann bis zu einer gewissen Grenze durch eine entsprechende Betriebsform (Lichtungs= und Überhaltbetrieb!) auch ohne Herab= setzung der Umtriebszeit erreicht werden; auf die möglichste Hebung der Rente aber ist die technische Vervollkommnung des Betriebes, insbesondere auf dem Gebiete des Transportwesens und der Holz= verarbeitung, von ungleich größerem Einfluß als die Höhe des Umtriebes.

Wenn nun auch speciell bei der Feststellung der Umtriebszeit die Rentabilität des künftigen Betriebes entschieden gewahrt werden soll und wir demnach vom Betriebseinrichter verlangen, daß er den finanziellen Effect der wählbaren Umtriebszeiten nicht nur sich selbst,

sondern auch dem Waldbesitzer, beziehungsweise dessen berufenem Vertreter klar lege, so ist diese Berechnung der Nutzeffecte doch auch
hier keineswegs als allein entscheidend zu betrachten und etwa der
Zeitpunkt der Culmination der mit irgend einem Zinsfuß berechneten Bodenrenten ohneweiters auch als die künftig einzuhaltende
Umtriebszeit anzunehmen. Es kommen auch da andere Umstände,
insbesondere der gegenwärtige Waldstand, wesentlich mit in Betracht,
und müßte, wenn es sich um eine Verkürzung des bisherigen Umtriebes handelt, stets vor allem die Frage wohl erwogen werden, ob
denn die in dieser Umtriebszeit erzielbaren Sortimente auch in vollem
Umfange und, ohne den dafür in unserer Berechnung angesetzten
Preis herabzudrücken, absetzbar sein werden. Wo überhaupt nur stär-
kere Sortimente, wie z. B. Sägehölzer, in größerer Menge gesicherten
Absatz finden, da müßte im vorhinein jene Zeit als das unbedingt
einzuhaltende Minimum der Umtriebszeit angenommen werden, welche
nothwendig ist, um die hierzu erforderlichen Dimensionen bei der
Mehrzahl der Stämme zu erreichen. Es ist zu beachten, daß durch
eine Herabsetzung der Umtriebszeit, also auch des künftigen Nutzungsalters der Bestände gegen das bisherige, das Preisverhältnis der
Sortimente infolge des vermehrten Angebotes von schwächerem
Materiale voraussichtlich gegen das gegenwärtig bestehende und der
Berechnung zugrunde gelegte sich gleichfalls, und zwar zu Gunsten
der stärkeren Sortimente, verändern und damit aber auch die Culmination der Bodenrente nach dem höheren Umtriebe zu sich ver-
schieben wird; ein Umstand, der bei den Schlußfolgerungen, welche aus
den aufgestellten Geldertragstafeln bezüglich der Höhe der finanziellen
Umtriebszeit gezogen worden sind, bisher vielfach außeracht gelassen
wurde.

Die Berücksichtigung des gegenwärtigen Waldstandes, oder
richtiger des gegenwärtigen Standes der Altersclassen, ist ohne
wesentliche Beeinträchtigung des Princips auch bei der Feststellung
der Umtriebszeit durch den Umstand ermöglicht, daß die Bodenrente,
ebenso wie der Durchschnittsertrag an Masse und Wert, zur Zeit
der Culmination sich nur wenig verändert, und daß ferner ein
etwa rascheres Sinken derselben durch entsprechende Behandlung der
Bestände weiter hinausgeschoben werden kann, somit eine Verschiebung der festzustellenden Umtriebszeit um ein Decennium nach auf-
oder abwärts zu Gunsten der Annäherung an den gegebenen Waldstand immerhin zulässig sein und meist nur eine sehr geringe Differenz in der Höhe der Bodenrente zur Folge haben wird. Es liegt

dabei sicher im Interesse der Wirtschaft und dürfte zumeist auch den Absichten des Waldbesitzers entsprechen, daß dem gegebenen Wald- stande bei der Festsetzung der Umtriebszeit Rechnung getragen werde, und daß somit da, wo ein geordnetes Altersclassenverhältnis für einen höheren als den streng „finanziellen" Umtrieb gegeben ist, auch die Einrichtung sich diesem ersteren zu nähern trachtet, wäh- rend im umgekehrten Falle eher die untere Grenze der Culmina- tionszeit als Umtriebszeit anzunehmen sein wird.

Es ist daher bei Feststellung des künftigen Umtrie- bes stets auch der gegenwärtig vorhandene Stand der Altersclassen zu berücksichtigen.

Es möge gestattet sein, die vorstehenden Ausführungen über die Fest- stellung der Umtriebszeit an einem gegebenen Falle zu erläutern.

Für die vorherrschende Standortsclasse eines größeren Complexes von Fichtenbeständen, welcher bisher auf 100jährigen Umtrieb eingerichtet war, ergab die Berechnung der finanziellen Effecte aus der nach den localen Wachsthums- und Preisverhältnissen aufgestellten Geldertragstafel, zu 2½ Procent berechnet, folgende Zahlenwerte:

Bestandes- alter	Boden- rente	Wald- rente	Werts- zuwachs-	Weiser-
Jahre	pro Hektar in Gulden		Procent	
60	1·86	12·53		
70	2·13	15·93	3·56	2·87
80	2·14	19·19	3·02	2·50
90	1·70	21·53	2·28	1·87
100	1·00	22·91	1·72	1·38

Es ergibt sich demnach die finanzielle Umtriebszeit mit 70 oder 80 Jahren, von welchen die letztere schon der gleichzeitig höheren Waldrente und der Annäherung an den gegenwärtigen Stand wegen entschieden vorzuziehen wäre: jene der größten Waldrente aber mit mehr als 100 Jahren. Wollte der Wald- besitzer die Umtriebszeit von 100 Jahren mit der bisherigen Betriebsform des bis zum Abtrieb geschlossen bleibenden Bestandes der höheren Waldrente wegen beibehalten, so müßte er damit rechnen, daß die einen großen Theil des Wald- capitals repräsentierenden 80- bis 100jährigen Bestände ihren Wert nur mit 1·5 bis 2 Procent verzinsen.

Dieselbe Ertragstafel gibt uns aber an, daß im 80jährigen Bestande der Mittelstamm erst eine Grundstärke von 31 cm erreicht, und daß von 700 Stämmen pro Hektar dieser Altersstufe nur 200 Stämme eine Grundstärke von mehr als 35 cm besitzen, wie eine solche für das am besten absetzbare Schnittmateriale erforderlich ist, ferner daß von dem gesammten Nutzholzergebnisse bei dem 100jährigen Bestande ⅔ den stärkeren und ⅓ den geringeren Sortimenten beim 80jährigen Bestande aber umgekehrt ⅔ den geringeren und nur ⅓ den stärkeren Sortimenten angehören.

Die Herabsetzung der Umtriebszeit auf 80 Jahre würde in diesem Falle nur dann berechtigt oder rathsam sein, wenn auch die geringeren Sortimente in größerer Menge gesicherten Absatz finden; im anderen Falle wäre nach dem angegebenen Sortimentsverhältnisse mit dem allmählichen Herabgehen des Nutzungs= alters ein Sinken des Preises für die geringeren und ein Steigen desselben für die stärkeren Sortimente, somit eine bedeutende Erhöhung des Qualitäts= zuwachses vom 80. bis zum 100. Jahre als wahrscheinlich anzusehen und damit auch die Erhöhung der Umtriebszeit auf mindestens 90 Jahre berechtigt. Durch die Einführung des Lichtungsbetriebes, etwa vom 70. bis 80. Jahre an, könnte aber, auch abgesehen von einer solchen Preisänderung, der 90jährige und vielleicht selbst der 100jährige Umtrieb noch hinlänglich rentabel gestaltet werden.

Für eine weniger strenge Bemessung wird zumeist (wie auch im obigen Falle) schon die einfache Berechnung der Werthzuwachsprocente aus den Ab= triebs= und Zwischennutzungserträgen den Betriebseinrichter hinreichend über den Zeitpunkt orientieren, von welchem ab eine hinreichende Verzinsung nicht mehr zu erzielen ist, in welchem daher mit der Bestandeslichtung, beziehungsweise mit dem Abtrieb eingeschritten werden müßte.

Schließlich sei noch bemerkt, daß nach unserer Auffassung der Umtriebszeit, lediglich als Regulator der jährlichen oder perio= dischen Nutzungsfläche, und nicht als maßgebend für das Abtriebs= alter der einzelnen Bestände, auch die Zusammenfassung von Be= ständen mit etwas abweichendem Haubarkeitsalter in eine Betriebs= classe mit einer dem Durchschnitte desselben entsprechenden Um= triebszeit zulässig ist. Es setzt dies jedoch schon eine freiere Be= weglichkeit des Hiebes in kleineren Hiebszügen voraus und wäre mit jener Schablone der Altersclassenordnung, wie sie durch die Periodenzuweisung angestrebt wird, unvereinbar.

Herstellung der Bestandesordnung.

Die Herstellung einer entsprechenden Bestandes= und Hiebs= ordnung, welche wir als eine der wichtigsten Aufgaben der Forst= einrichtung erkannt haben, insoferne damit für die Zukunft die rechtzeitige und zweckmäßigste Benützung jedes hiebsreifen Bestandes unter möglichster Sicherung der verbleibenden Bestände gegen ver= schiedene, denselben durch die Freistellung drohende Gefahren er= möglicht werden soll, erfolgt durch die räumliche Eintheilung des Waldes in kleinere, regelmäßig und dauernd begrenzte Be= triebsflächen, als Grundlage der künftigen Hiebs= und Wirtschafts= ordnung und durch die Feststellung der Hiebsfolge, nach welcher

die Bestände innerhalb dieser einzelnen Waldtheile und diese unter
sich zur Nutzung gebracht werden sollen.

Wohl auf keinem anderen Gebiete unserer Wirtschaft ist die
Anwendung der Schablone, das Hervorkehren des Nebensächlichen,
rein Formellen, gegenüber dem Wesentlichen, mehr und nachthei=
liger zur Geltung gelangt, als gerade hier in der Eintheilung und
Hiebsfolgeordnung, wie dies gar manche dem Walde· und dem
Terrain rücksichtslos aufgezwungene Schneisenanlagen und Perio=
denzuweisungen hinlänglich erweisen.

a) Ordnung der Hiebsfolge.

In der Ordnung der Hiebsfolge wird die Rücksicht auf
eine wirkliche oder auch nur angenommene Windwurfsgefahr meist
viel zu sehr in den Vordergrund gestellt, ja fast ausschließlich und
allein als maßgebend angesehen. Wo eine solche Gefahr thatsächlich
und in bedeutendem Maße besteht, da verdient sie gewiß in erster
Linie Berücksichtigung; wenn wir aber erwägen, daß diese Gefahr
in den meisten Laubholz= und selbst in vielen Nadelholzbeständen,
dann bei allen plenterwaldartigen Bestandesformen nur in geringerem
Maße gegeben ist, im Nieder= und Mittelwalde aber ganz zurück=
tritt, daß demnach fast nur die gleichalterigen und reinen Fichten=
bestände von derselben wirklich in bedeutendem Maße bedroht sind,
daß ferner ein voller Schutz gegen dieselbe überhaupt im Wege
der Hiebsfolge nicht erzielt werden kann und daß wir anderseits
bestrebt sind, diese Gefahr für die Zukunft durch die Erziehung ge=
mischter und nicht allzu dichter Bestände nach Möglichkeit zu ver=
mindern, so kann dieselbe für unsere künftige Hiebsordnung gewiß
nicht allein ausschlaggebend sein, und es wird deren Berücksichtigung
in sehr vielen Fällen zurücktreten können gegen das Bestreben,
durch die Hiebsfolge den bloßgelegten Schlagflächen, beziehungs=
weise den jungen Pflanzen oder Schößlingen (beim Ausschlag=
betriebe) Schutz zu gewähren gegen Besonnung, austrocknende oder
rauhe Winde, oder auch der Erleichterung des Transportes Rech=
nung zu tragen u. s. w.

Auch hier soll das Gegebene, die vorhandene Bestandesord=
nung, so weit als möglich Berücksichtigung finden und wird daher
eine gänzliche Änderung oder Umkehr derselben wohl nur ganz aus=
nahmsweise durch besonders zwingende Umstände berechtigt er=
scheinen.

Die Abweichungen der in einzurichtenden Forsten aus deren bisheriger Bewirtschaftung resultierenden Bestandesabgrenzung und Lagerung, wie selb. uns in den betreffenden Bestandeskarten sich darstellt, gegenüber der von uns angestrebten künftigen Bestandes= ordnung, ergeben sich hauptsächlich nach drei Richtungen, und zwar finden sich die einzelnen Bestände entweder in einer ganz unregel= mäßigen Begrenzung und Durcheinanderlage (bei bisher gar nicht eingerichteten Forsten oder dort, wo lediglich der Hiebssatz nach einer der Normalvorrathsmethoden geregelt worden war), oder in einer gegenüber der beabsichtigten künftigen Hiebsführung zu großen Ausdehnung (Zusammenlage) der einzelnen Altersclassen oder endlich, wir finden eine zwar geordnete, aber der geplanten Hiebsfolge nicht entsprechende Lage der letzteren. Im ersten Falle ist es hauptsächlich Sache der räumlichen Eintheilung, eine geregelte Begrenzung für die künftige Hiebsführung herzustellen und werden kleinere Opfer zu diesem Zwecke sowie zur Heranbildung geordneter Hiebszüge stets gebracht werden müssen; im zweiten Falle tritt hauptsächlich die Untertheilung der allzu großen Altersclassenflächen in kleinere Hiebs= touren als Maßregel in den Vordergrund; im dritten Falle aber ist wohl zu erwägen, ob die Vortheile der beabsichtigten künftigen Hiebsfolge nicht aufgewogen werden durch die bedeutenden Opfer, welche deren Herstellung im genannten Falle stets erfordert, und ob nicht der damit angestrebte Schutz der Bestände auch auf anderem Wege in ausreichender Weise erzielt werden könnte.

Der Schablone entsprechend, wird in der Regel innerhalb eines Einrichtungs= oder Wirtschaftscomplexes nur eine, einmal als „normal" aufgestellte Richtung der Hiebsfolge (zumeist ist es mehr oder weniger strenge die Richtung von Ost gegen West) durchwegs beibehalten und jede Abweichung von der einmal angenommenen Richtung, sowohl der Front= als auch der Flankendeckung (welche letztere in der Periodenzuweisung der aneinander grenzenden Hiebs= züge zum Ausdruck gelangt) als unzulässig betrachtet.

Gleichwohl wird eine verschiedene Richtung der Hiebsfolge sowohl innerhalb der einzelnen Hiebszüge als auch hinsichtlich der zeitlichen Aufeinanderfolge des Abtriebes von einem Hiebszug zum anderen in den meisten Fällen, insbesondere aber bei der viel= gestaltigen Terrainausformung in Gebirgsforsten, je nach den örtlich gegebenen Terrain= und Bestandesverhältnissen nicht nur als zulässig, sondern oft auch zweckmäßiger erscheinen, und wäre daher die Hiebsfolge in solchen Fällen keineswegs generell, sondern für jeden

einzelnen Waldtheil nach deſſen beſonderen Verhältniſſen zu be=
ſtimmen *).

Die Rückſicht auf die Flankendeckung zwiſchen den unmittel=
bar aneinanderliegenden Hiebszügen, welche bei den Perioden=
zuweiſungen ſo ängſtlich eingehalten zu werden pflegt, kann gänzlich
entfallen oder doch weſentlich zurücktreten, wo eine ſeitliche Wind=
gefährdung durch den Abtrieb des nachbarlichen Hiebszuges ent=
weder von Natur aus nicht beſteht, wie dies bei allen durch tiefere
Thaleinſchnitte oder ſonſtige breitere Unterbrechungen getrennten
Hiebszügen der Fall iſt, oder wo die Beſtandesränder durch künſtlich
eingelegte Wirtſchaftsſtreifen bereits als hinreichend widerſtands=
fähig erſcheinen, da im anderen Falle die Anlage dieſer Tren=
nungsſtreifen ja eigentlich zwecklos erſcheinen würde. Jene Rückſicht
wird jedoch vorübergehend zu beachten ſein, wo ſolche Wirtſchafts=
ſtreifen erſt neuerlich in ältere Beſtände eingelegt wurden, daher nicht
mehr ausreichend wirkſam ſein konnten; und dieſelbe wird endlich ſtets
und dauernd dort platzgreifen müſſen, wo einzelne Hiebszüge an
beſonders gefährdeten Linien (z. B. an windexponierten Bergrücken)
aneinandergrenzen, in welchem Falle auch eine breitere Beſtandes=
unterbrechung keine ausreichende Sicherung gewähren könnte.

Bei dem Entwurfe und der Herſtellung der künftigen Hiebs=
folgeordnung wären demnach ſtets folgende Punkte zu beachten:

1. Als das zunächſt anzuſtrebende Ziel iſt nicht das Ideal
einer Altersclaſſenordnung, welches immer mehr oder weniger auf
die Schablone hinausläuft, ſondern nur jene Ordnung zu ſetzen,
welche, ſoweit dies nach den Beſtandesverhältniſſen überhaupt noth=
wendig iſt, den Schlagfronten möglichſten Schutz gegen ſturz=

---

*) Die von Dr. Vorggreve in deſſen „Forſtabſchätzung“, Seite 285 ꝛc.,
vertretene Anſicht, daß im mittleren Europa nur die aus der weſtlichen Hälfte
der Windroſe kommenden Luftſtrömungen — ohne jede locale Abänderung —
als ſturzgefährlich anzuſehen und demnach alle Hiebszüge ſo einzurichten ſeien,
daß die Verjüngung im allgemeinen von Oſten gegen Weſten, jedoch mit einer
mehr nordoſt=ſüdweſtlichen oder ſüdoſt=nordweſtlichen Richtung der Schneiſen,
fortſchreitet, müßte der Beibehaltung der vorerwähnten Schablone, wenn auch
mit etwas veränderter Richtung des Eintheilungsnetzes, allerdings weſentlichen
Vorſchub leiſten; doch müſſen wir demgegenüber wiederholt hervorheben, daß
die Windwurfsgefahr keineswegs immer der allein maßgebende Beſtimmungs=
grund für die Richtung der Hiebsfolge ſein ſoll, und dürfte es, was ſpeciell die
Hochgebirgsforſtwirtſchaft betrifft, wenige Kenner derſelben geben, welche mit
Dr. Vorggreve übereinſtimmen, wenn er die locale Änderung der Richtung
der Sturmgefahr durch die Configuration des Berglandes als eine bloße Legende
bezeichnet.

gefährliche Winde gewährt, dabei aber auch anderen wirtschaft=
lichen Rücksichten und insbesondere der gegebenen Lage und Ab=
grenzung der Bestände soweit als möglich Rechnung trägt.

2. Der Übergang zur künftig angestrebten Bestandesordnung
ist nur allmählich, mit möglichster Schonung der finanziellen Inter=
essen hinsichtlich der Abtriebszeit der einzelnen Bestände *), zu be=
werkstelligen und sind zu diesem Zwecke, wo dies nothwendig, vor=
übergehend besondere Hiebstouren einzulegen.

3. Für die Möglichkeit einer selbständigen Behandlung der
einzelnen Hiebszüge, eventuell auch des rechtzeitigen Abtriebes ein=
zelner Bestände innerhalb dieser, ist, wo nöthig, Vorsorge zu treffen
durch die Einlegung breiterer Trennungsstreifen (Wirtschaftsstreifen)
zwischen diesen, wo hiedurch der genannte Zweck überhaupt er=
reicht werden kann, und durch Schaffung von gesicherten Anhiebs=
stellen durch „Loshiebe" überall da, wo solche für die Zukunft
wünschenswert erscheinen und nicht bereits von selbst gegeben sind.

b) Die räumliche Eintheilung.

Der Waldeintheilung wird bei allen neueren Betriebsein=
richtungen mit Recht ein besonderes Augenmerk zugewendet, denn sie
ist in der That eine der wichtigsten Grundlagen für die künftige
Betriebsordnung. Ihr oberster Zweck ist die Regelung und Er=
leichterung der Schlagführung, zugleich die Aufschließung aller Wald=
orte für die Holzausbringung und damit die Ermöglichung einer
entsprechenden Vertheilung des Hiebes auf mehrere Schlagtouren:
außerdem gewährt sie eine wesentliche Erleichterung der Bestandes=
pflege und des Forstschutzes, insbesondere hinsichtlich der Gefährdung
durch Wind, Waldbrände, Insecten u. s. w., ferner die Schaffung
einer sicheren geodätischen Grundlage für Flächenberechnungen, Ver=
messungsnachträge 2c. Diese räumliche Eintheilung des Waldes soll
aber noch weiter eine einfache und ständige Bezeichnung aller
Waldtheile und damit eine leichte Übersicht und Orientierung in
größeren Waldcomplexen ermöglichen.

Bei dem Entwurfe und der Ausführung der Eintheilung sind
die eben genannten Zwecke dieser Maßregel, von welchen je nach
Umständen der eine oder andere mehr in den Vordergrund treten
kann, stets im Auge zu behalten und kann schon deshalb ein all=

---

*) Dabei können selbstverständlich nur die Hauptbestände der einzelnen
Abtheilungen oder Hiebszüge, nicht aber unwesentliche Bestandesunterschiede und
kleinere Bestandesabschnitte besonders in Betracht kommen.

gemein giltiges Schema für dieselbe nicht aufgestellt werden; am wenigsten aber darf jene Schablone, wie sie sich in mehr ebenen Forsten und vorwiegend für Fichten-Kahlschlagbetrieb herausge= bildet hat, ohneweiters auf unsere Gebirgsforste und auf andere Betriebsformen übertragen werden, wie dies gleichwohl vielfach ge= schehen ist. Leider ist bei den Waldeintheilungen älterer und auch noch neuerer Zeit nicht selten die Vorliebe der Forsteinrichter für eine gewisse Regelmäßigkeit und Gleichförmigkeit mehr als billig zur Geltung gelangt; das Bestreben, eine auf der Karte „schöne" Ein=

theilung mit möglichst langen gerablinigen Schneisen (wir kennen solche von zehn und mehr Kilometer Länge!) und regulären Abtheitheilungsfigu= ren herzustellen, ließ die Rück= sicht auf wirtschaftliche Zweck= mäßigkeit der Eintheilung nur zu oft ganz in den Hintergrund treten.

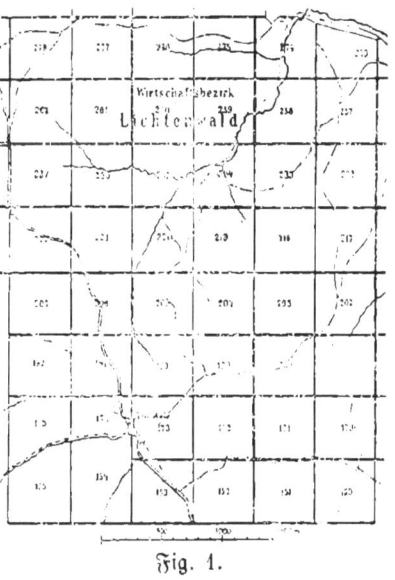

Fig. 1.

Solche auf der Karte, lediglich mit Reißschiene und Zirkel, ohne jede Rücksicht auf das Terrain, auf bestehende Straßenzüge oder sonstige be= reits gegebene Trennungslinien und ebenso ohne Rücksicht auf die vorhandenen Bestandes= grenzen hergestellte Eintheilungen sind umso nachtheiliger, als sie den Betrieb erschweren, anstatt ihn zu erleichtern, und als man dann selbst bei neuen Einrichtungen solche nach Lage oder Richtung an sich unzweckmäßige Eintheilungslinien, welche als Wege ausgebaut und vielleicht an den Rändern mit sturmfesten Holzarten bepflanzt sind, beizubehalten genöthigt ist, wenn man nicht die Wege verlegen und die Vortheile der bereits vollzogenen Randbildung wieder aufgeben will. Die hier beigegebene Skizze (Fig. 1) zeigt einen Theil einer derartigen Waldeintheilung, welche nicht etwa in einem ebenen Forste, sondern in dem sehr coupierten Terrain des böhmischen Erz= gebirges zur Ausführung gelangt ist, daher auch die eingelegten Schneisen hier nur zum geringsten Theile zugleich als Wege be= nutzbar sind.

Zu den Regeln der geltenden Eintheilungsschablone gehört auch die möglichste Durchführung der Eintheilungslinien durch den ganzen Complex, mit Vermeidung der sogenannten „Aufsitzer", sowohl bei den Wirtschaftsstreifen als bei den Schneisen. Eine Berechtigung hat dieses Bestreben nur insoweit, als damit das Eintheilungsnetz und dessen Bezeichnung vereinfacht werden; für die angestrebte Sicherung der Bestände unterliegt die selbständige Eintheilung unter sich unabhängiger Hiebszüge gar keinem Bedenken und soll daher auch jener Regel nur insoweit Folge gegeben werden, als dies mit den Terrainverhältnissen und mit sonstigen wirtschaftlich wichtigeren Rücksichten vereinbar ist.

Nachdem es eine alleinentsprechende Richtung der Hiebsfolge oder Form der Wirtschaftsabtheilungen nicht gibt, so ist gar kein Grund vorhanden, in allen Theilen eines größeren Waldcomplexes stets dieselbe Schneiseneinrichtung und Eintheilungsschablone beizubehalten; solche größere Forstcomplexe sind vielmehr stets zuerst in einzelne Haupttheile, wie sich solche nach Terrainabschnitten oder nach durch Straßen oder Bahnen, Wasserläufe, Enclaven u. s. w. gegebenen Trennungslinien ergeben, zu zerlegen, und ist jeder solche Waldtheil sodann für sich, je nach seiner Lage und Form, selbstverständlich mit Berücksichtigung einer den gegebenen Verhältnissen entsprechenden Hiebsrichtung, einzutheilen.

Daß bei dem Entwurfe dieser Eintheilung auch die gegenwärtige Abgrenzung und Lage der Bestände nicht ganz unberücksichtigt bleiben dürfe, und daß demnach hiebei eine wenigstens annähernd richtige Skizze hierüber dem Einrichter bereits vorliegen müßte, ist bei einer Einrichtung, welche auf den Namen einer Bestandeswirtschaft Anspruch erheben will, eigentlich selbstverständlich. Strenge genommen, müßte für eine solche jeder wichtigere Bestand für sich als Wirtschaftseinheit oder Abtheilung betrachtet werden und somit die Eintheilung sich im Wesentlichen an die gegebenen Bestandesgrenzen anschließen. Wenn wir nun auch im Interesse einer künftigen besseren Bestandes- und Hiebsordnung vielfach davon absehen müssen, so soll das erstere Princip dabei doch soweit als möglich gewahrt und soll zum mindesten die rechtzeitige Benützung der Bestände durch die Art der Eintheilung nicht erschwert werden, wie dies entschieden dort der Fall ist, wo durch die ohne Rücksicht darauf eingelegten Schneisen die einzelnen Bestände unnöthig zerstückelt und in eine Anzahl verschiedener Hiebszüge und Abtheilungen zertheilt werden.

Für die wirtschaftlich zweckmäßigste Größe der Abtheilungen eine allgemein giltige Norm aufstellen zu wollen, ist bei den so vielgestaltigen Verhältnissen, wie sie uns besonders in Österreich vorliegen, nicht wohl thunlich. Wenn wir absehen von einzelnen noch wenig oder gar nicht erschlossenen Karpathen= oder Hochgebirgsforsten, so dürfte für den Kahlschlagbetrieb eine durch= schnittliche Größe von 20—24 ha unseren wirtschaftlichen Verhält= nissen im allgemeinen angepaßt sein, welche Größe im Femel= schlagbetriebe auf 25—30 ha, in ausgedehnteren Plenterwäldern selbst auf 30—40 ha hinaufgehen kann. Es werden allerdings mehrfach noch wesentlich kleinere Durchschnittsgrößen für die Abtheilungen empfohlen; ich möchte aber davor warnen, in dieser Beziehung bei unseren Einrichtungen allzu modern sein zu wollen. Zu kleine Abthei= lungen erschweren, insbesondere bei größeren Forstcomplexen, die Über= sicht und auch den Betrieb, indem sie die Hiebsführung zu sehr zer= splittern, und verumständlichen damit auch wesentlich die Führung der Wirtschaftsbücher; sie machen eine große Zahl künstlicher Eintheilungs= linien nothwendig, wogegen speciell bei der Eintheilung von Gebirgs= forsten diese letzteren thunlichst beschränkt und durch die bereits gegebenen Linien des Terrains, des Wegnetzes u. s. w. ersetzt werden sollten.

Als Form der Abtheilungen wird, insbesondere bei der eigentlichen Schneiseneintheilung in ebenerem Terrain, das Rechteck, etwa mit dem Verhältnisse von 2 : 3 der Breite zur Länge, wohl die vorwiegende Grundtype bleiben. Wenn wir dabei etwa 600 m als die zulässige Länge eines Schlages und 400 m als nor= male Breite der Abtheilung wählen, so wird sich, da viele Abthei= lungen (insbesondere die Randabtheilungen) unter diesem Normal= ausmaße von 24 ha bleiben, damit eine Durchschnittsgröße der Ab= theilungen von circa 20 ha ergeben. *) Lange und schmale Abthei= lungen zu bilden, halte ich, abgesehen von der dadurch bedingten Häufung der Eintheilungslinien, die in diesem Falle meist künstlich als Schneisen hergestellt werden müssen, und der für die Holz= abbringung meist nicht erwünschten allzugroßen Länge der Schläge, schon deshalb nicht für zweckmäßig, weil damit eine eventuelle Änderung der Hiebsrichtung — und der Einrichter wird immer gut

---

*) In Hochgebirgsforsten müßte diese gedachte Abtheilungslänge oder Hiebszugsbreite von 600 m allerdings oft bedeutend überschritten werden, wenn die Verhältnisse es nicht etwa gestatten, in solche breitere Lehnen einen Ab= fuhrsweg als Theilungslinie einzulegen, und es wird demnach in solchem Falle auch der durchschnittliche Flächeninhalt der Abtheilungen sich entsprechend vergrößern.

thun, mit der Möglichkeit einer solchen zu rechnen! — sehr er=
schwert wird.

Diese Grundtype der Abtheilungsform wird nun allerdings
nach Gestalt und Größe umsomehr mannigfach modificiert werden,
je mehr das Terrain und das diesem angepaßte Wegnetz für die
Eintheilung maßgebend wird. Aber auch bei rein künstlichen Ein=
theilungen kann und soll von der Rechtecksform der Abtheilungen
stets dann abgegangen werden, wenn damit dem Terrain oder der
für die Ausfuhr passendsten Wegrichtung oder der Gesammtfigur
des betreffenden Waldtheiles besser entsprochen werden kann. Die in
den beiden nebenstehenden Figuren 2 und 3 angedeutete Eintheilung
in trapez= oder rhombenförmige Abtheilungen ist gewiß zweckmäßiger
und in jeder Hinsicht entsprechender, als wenn dieselben Complexe

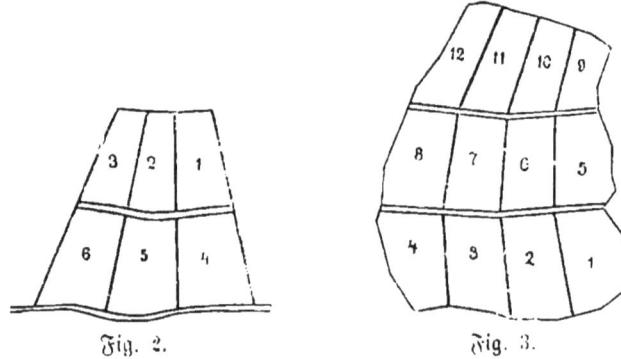

Fig. 2.   Fig. 3.

nach der Schablone des rechtwinkeligen und geradlinigen Schneisen=
systems eingetheilt würden.

Für die Abfuhr aus dem Walde ist eine schräge Richtung
der Schneisen auf die Hiebszugsrichtung oft erwünschter als die
senkrechte, und sieht man sich deshalb bei rechtwinkeligen Schneisen=
anlagen oft veranlaßt, einzelne Wege diagonal durch die Abtheilungen
zu führen; anderseits ist die aufgezwungene Geradlinigkeit im Walde,
abgesehen von einer hie und da etwa herzustellenden schönen Durch
sicht, vom ästhetischen Gesichtspunkte aus durchaus kein Vortheil.

Noch möge die Frage der Verbindung des Eintheilungsnetzes
mit dem Wegnetze hier kurz berührt werden. Es ist die möglichste
Vereinigung beider schon zur Vermeidung allzuvieler neben= und
durcheinander laufender Liniennetze im Walde beim Entwurfe der
Eintheilung jedenfalls anzustreben, doch darf dieselbe nicht auf
Kosten des Hauptzweckes der Wege einerseits und der Eintheilung
anderseits gehen. Man geht auch in dieser Forderung entschieden

zu weit, wenn man als Regel aufstellt, daß jede Eintheilungslinie zugleich als Weg benützbar sein, oder auch, daß jeder Weg eine Eintheilungslinie bilden soll. Im ersteren Falle müßten oft mehr Wege gebaut werden, als für den Transport nothwendig und mit der Rentabilität des Waldes vereinbar ist, im zweiten aber würde man wieder in vielen Fällen zu kleine und für die Schlagführung unzweckmäßig geformte Abtheilungen erhalten. Es ist auch gewiß kein Nachtheil, wenn einzelne Wege mitten durch die Abtheilungen gehen und so die Ausbringung aus denselben erleichtern. Der Verlauf der Wege ist nicht immer für die Zwecke der Eintheilung entsprechend; dort ist billiger Transport, hier die zweckmäßige Schlagführung die Hauptsache; für die letztere ist die einfachste geradlinige Begrenzung erwünschter, für den Weg aber meist die krumme Linie vorzuziehen, und sind Wege mit starken Krümmungen daher als Abtheilungsgrenzen nicht gut verwendbar. Speciell in Gebirgsforsten werden zumeist nur die in der Thalsohle und längs des Hanges oder auch auf längeren flachen Bergrücken laufenden Wege als Abgrenzung der Hiebszüge benützt, beziehungsweise beim Eintheilungsentwurfe die betreffenden Hiebszugsgrenzen als Wege projectiert werden können, wogegen für die Begrenzung der Abtheilungen, soferne sich dafür nicht Gräben, Riegel u. dgl. als natürliche Grenzen bieten, die Einlegung von Schneisen nach der Richtung des Hanges vorzuziehen ist, da selbst im Mittelgebirge die Hänge für die Anlage von Wegen in der Richtung der Abtheilungsgrenzen meist zu steil sind.

Von den hier in Fig. 4, 5 und 6 beigegebenen Eintheilungs-Skizzen gibt Fig. 4 das Bild einer Wald-Eintheilung in möglichster Verbindung mit dem Wegnetze, welches letztere auf Grund sorgfältiger Terrainaufnahme zum Zwecke der Eintheilung entworfen wurde; Fig. 5 die Eintheilung eines Mittelgebirgsforstes, in welchem nur theilweise bestehende Straßen und Wege hiezu benützt oder zu diesem Zwecke neu eingelegt werden konnten; die übrigen Eintheilungslinien sind möglichst dem Terrain angepaßt worden. Fig. 6 zeigt die Eintheilung eines Hochgebirgsforstes ohne Wegnetz (Bringung mittelst Riese und Trift) mit möglichster Benützung der natürlichen Begrenzungslinien. Die Abgrenzung der mit Pl. bezeichneten, dem Plenterbetriebe zugewiesenen Abtheilungen des obersten Waldgürtels erfolgte gleichfalls nicht auf der Karte, sondern im Walde selbst, nach Maßgabe der örtlichen Standorts- und Bestandesverhältnisse. Die künftig einzuhaltenden Hiebszüge und Hiebsrichtung sind durch Pfeile angedeutet.

Fig. 4 gibt einen Theil des Revieres Buchers der gräflich Buquoy'schen Herrschaft Gratzen in Böhmen, Fig. 5 einen Theil des Gebirgsforstes der landgräflich Fürstenberg'schen Herrschaft Weitra in Niederösterreich, Fig. 6 einen Theil des k. k. Forstverwaltungsbezirkes Brandenberg in Tirol.

Auch die Bildung der Hiebszüge, womit eigentlich die künftige Bestandesordnung in Bezug auf Ausdehnung und Aneinandreihung

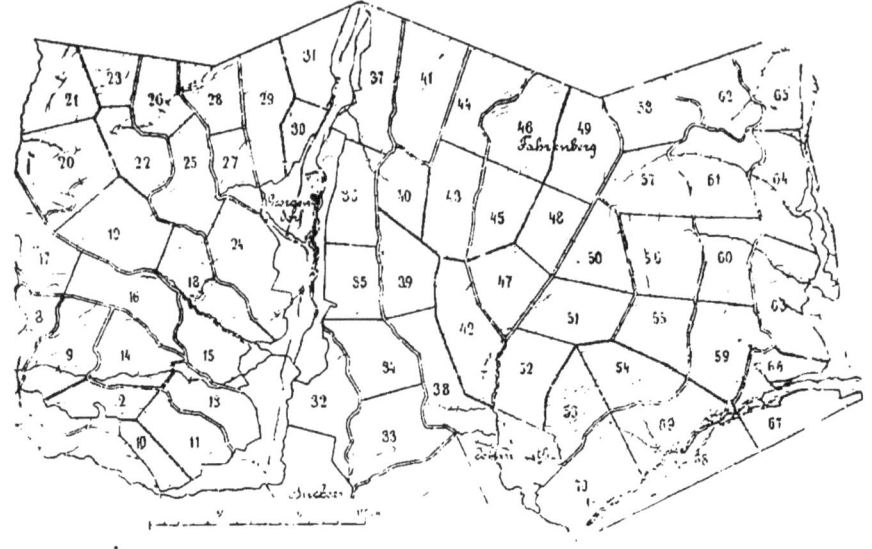

Fig. 4.

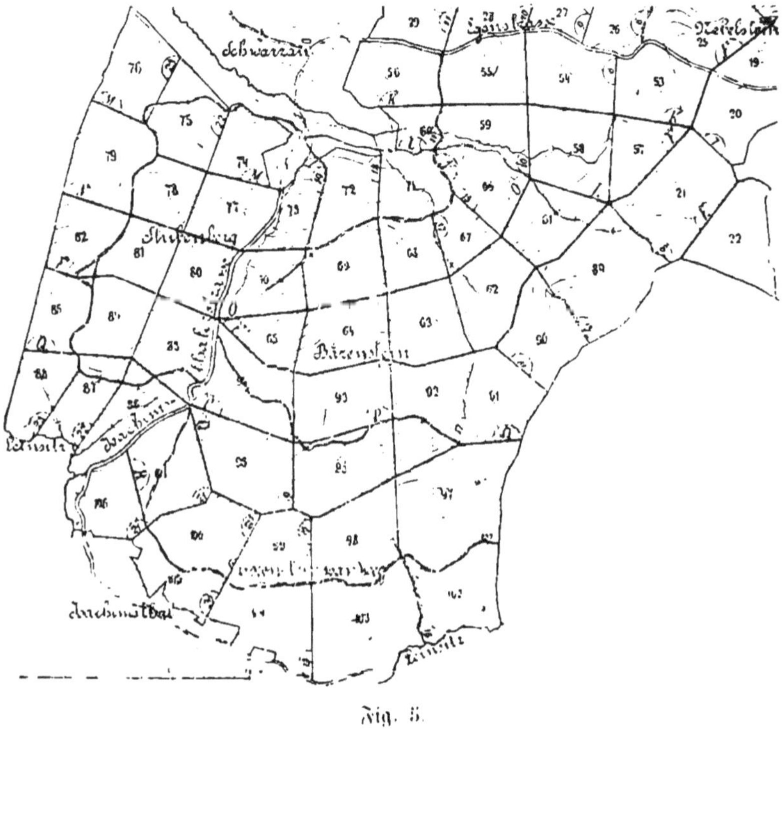

Fig. 5.

der Altersclassen angebahnt wird, hat in letzter Zeit vielfach einen Gegenstand der Erörterung gebildet. Von den früher üblichen großen Hiebstouren, welche sich über ganze Berglehnen von mehreren hundert Hektar erstreckten und womöglich alle Jahresschläge des ganzen Umtriebes enthalten sollten, ist man mit Recht abgegangen, und „die Bildung kleiner Hiebszüge" bildet jetzt das Losungswort. Durch die damit geschaffene größere Zahl von Anhieben oder einzelnen Hiebstouren erreichen wir den Vortheil, einerseits in den einzelnen

Fig. 6.

Hiebstouren nach jeder Schlagführung mit der Fortsetzung des Hiebes einige Jahre (bis zur Sicherung und Erstarkung des inzwischen herangezogenen Anwuchses) aussetzen und anderseits die jährliche Fällung auf mehrere Schlagorte vertheilen zu können, wie dies zur Vermeidung allzugroßer Schlagflächen und zur Ausgleichung des Ertrages durch die Nutzung in mehr und weniger werthvollen Beständen erwünscht, und welche Vertheilung oft auch im Interesse des localen Absatzes gelegen ist.

Als weitere Vortheile der Bildung kleiner Hiebszüge hebt Judeich mit Recht hervor, dass wir damit den Anforderungen der

verschiedenen Standorts= und sonstigen Verhältnisse mehr Rechnung
zu tragen und der an sich schwerfälligen Forstwirtschaft eine
größere Beweglichkeit, insbesondere für den Fall nothwendiger
Änderungen der Betriebsform oder des Umtriebes, zu verleihen
vermögen, daß endlich auch die den ausgedehnten gleichalterigen Be=
ständen oder Schlagflächen und Culturen drohenden Gefahren damit
wesentlich vermindert werden.

Auch hier möchte ich aber, sowie hinsichtlich der Größe der
Abtheilungen, davor warnen, in der Verkleinerung der Hiebszüge
allzuweit zu gehen. Die gegebenen Bestandes= und Transportver=
hältnisse werden in den meisten Fällen eine weitgehende Zersplitte=
rung der Hiebsführung ohne wesentlichen Nachtheil nicht gestatten,
und es wird zumeist vollauf genügen, wenn selbst in größeren Be=
triebsclassen die Fällung jährlich auf 3 bis 4 Hiebsorte vertheilt
werden und in diesen eine 4—5jährige Pause zwischen je zwei
Schlagführungen eintreten kann, wenn also in einer solchen Be=
triebsclasse für jedes Decennium etwa 15—bis 20 Hiebsorte zur
Verfügung stehen.*) Wo das Wegnetz und die gegenwärtigen Be=
standesverhältnisse eine weitergehende Vertheilung des Hiebes ge=
statten, dort können allerdings mit Vortheil auch mehr Anhiebe
eingelegt werden.

Auch bei der Bildung der Hiebszüge darf nicht lediglich ein
Ideal der künftigen Bestandesordnung maßgebend sein, sondern es
müssen hier ganz besonders auch die gegenwärtigen Bestandesver=
hältnisse berücksichtigt werden, um die geplante Hiebsordnung mög=
lichst mit den letzteren in Übereinstimmung zu bringen. In diesem
Sinne muß ich mich gegen das heute noch vorwiegend geltende
Princip aussprechen, die einzelnen Hiebszüge möglichst als Hiebs=
touren für die ganze Umtriebszeit (allerdings mit aussetzender
Schlagführung) zu betrachten, weil die Herstellung solcher, alle
Altersclassen umfassender Hiebszüge mit der eben bezeichneten Rück=
sicht auf die gegebenen Bestandesverhältnisse zumeist unvereinbar ist.
Es ist auch gar kein zwingender Grund vorhanden, warum die
Schlagflächen für je eine ganze Umtriebszeit immer unmittelbar an

---

*) Prof. Dr. Neumeister (siehe dessen „Forst= und Forstbetriebseinrich=
tung 2c.", Wien 1888) will womöglich in jedem Hiebszug nur einen Schlag
innerhalb eines Decenniums geführt wissen, zu welchem Zwecke eine bedeutend
größere Zahl von Hiebszügen in jeder Betriebsclasse gebildet werden müßte.
Ich halte jedoch einen Zeitraum von 4—5 Jahren in den meisten Fällen für die
Sicherung der Wiederaufforstung als vollkommen ausreichend.

einander gereiht sein müßten, und es wird allen Zwecken unserer
Bestandesordnung ebenso vollkommen entsprechen, wenn sich die
einzelnen Schlagtouren aus je 2—3 unvollständigen Hiebszügen
zusammensetzen, soferne nur für den gesicherten Anhieb an den
Grenzen der letzteren Vorsorge getroffen ist. Wo die gegenwärtige
Bestandeslage die Einhaltung vollständiger Hiebstouren schon für
den ersten Umtrieb gestattet, dort mögen auch solche gebildet werden;
im anderen Falle aber wären die aus 2—3 Abtheilungen gebildeten
kleinen Hiebszüge als unvollständige Schlagreihen zu betrachten,
womit wir einerseits den gegebenen Bestandesverhältnissen mehr
Rechnung tragen können und anderseits die von Judeich mit
Recht betonte möglichste Elasticität der Wirtschaft entschieden besser
erreichen als mit vollständigen Schlagtouren.

Die einzelnen Hiebszüge werden hienach, da sie einerseits zumeist nur etwa 2—3 Altersclassen enthalten, anderseits aber mit
dem Hiebe in denselben durch 4—5 Jahre ausgesetzt werden soll,
nur eine beschränkte Zahl von Jahresschlägen umfassen, und es
werden je nach Umständen erst 10—15 und selbst mehr solche Hiebszüge eine vollständige Schlagtour für die ganze Umtriebszeit
bilden. Die seitliche Abgrenzung dieser Hiebszüge voneinander ist
womöglich auf bereits gegebene gesicherte Anhiebslinien zu legen,
im anderen Falle sind solche durch Loshiebe zu bilden.

Noch möge die Frage kurz in Betracht gezogen werden, ob
angesichts der in Hinkunft zu bildenden kleineren Hiebszüge die
Bildung von Abtheilungen innerhalb dieser noch berechtigt und nothwendig ist, welche Frage umsomehr aufgestellt werden kann, als
den Abtheilungen die Bedeutung und der Charakter als je einer
Periode zugedachte Nutzungsflächen (Periodenfächer), als welche dieselben bei den Fachwerksmethoden zumeist angesehen wurden, nach
unserer Auffassung nicht mehr zukommt.

Ein ungenannter Reformfreund in Sachen der Forsteinrichtung hat diese Frage unlängst dahin beantwortet, daß es genüge,
den Wald durch Wege in Hiebszüge zu theilen, die weitere Eintheilung durch Schneisen aber ganz entbehrlich sei, da nicht die
durch solche Schneisen willkürlich begrenzten Abtheilungen, sondern
die Grenzen gleichartiger Bestände oder Standorte als die richtigen
Wirtschaftseinheiten anzusehen seien.*)

---

*) Vergl. die Artikelserie: „Unser heutiges Durchführungsystem der Be-
triebseinrichtung“ in Nr. 6—8 der „Österreichischen Forst-Zeitung“ 1894.

Ich kann dieser Ansicht schon deßhalb nicht zustimmen, weil die Abtheilungen die eigentliche Grundlage und das ständige Element unserer ganzen Eintheilung bilden. Die Hiebszüge, wie wir sie nach den jetzigen Bestandes- und Wirtschaftsverhältnissen aus je mehreren Abtheilungen zusammenfassen, wären als Einheit der Eintheilung entschieden zu groß und sind auch mit dem Umtrieb, den Absatz- verhältnissen 2c. veränderlich; ebenso wären die meist sehr unregel- mäßigen, oft nur vorübergehenden Bestandesausscheidungen inner- halb eines Hiebszuges nicht geeignet, die ständige Wirtschaftseinheit für Betriebsmaßnahmen, Buchführung 2c. zu bilden. Die Bildung der Abtheilungen in unserem Sinne dürfte aber auch der richtigen Bewirt- schaftung der einzelnen Bestände in dem Falle kaum hinderlich sein, wenn die Eintheilung, wie wir es oben namentlich für Gebirgsforste ver- langt haben, möglichst natürlich gehalten, dem Terrain, den Bestandes- und Betriebsverhältnissen angepaßt ist. Umgekehrt wird jedoch die Bedeutung der Hiebszüge in nicht seltenen Fällen wesentlich zurück- treten, da ihnen eine solche hauptsächlich nur im Kahlschlagbetriebe und für die damit verbundene möglichste Sicherung gegen Wind- wurfsgefahr zukommt. Schon beim Femelschlagbetriebe mit vorwie- genden Laubhölzern wird der Bildung der Hiebszüge weniger Ge- wicht beizulegen sein; im Plenterbetriebe können sie ganz entfallen. Auch geht bei manchen Eintheilungstypen, wie jenen nach irregulär verlaufenden Wegen oder bei sehr coupiertem Terrain (Karstterrain) der Charakter zusammenhängender Schlagtouren verloren und bildet dann meist jede Abtheilung für sich einen kleinen, unvollständigen Hiebszug. Will man in der Größe der Hiebszüge bis auf 30—40 ha oder noch weiter herabgehen, dann kann allerdings eine weitere Eintheilung derselben entfallen; es bilden dann ebenfalls die einzelnen Abtheilungen zugleich die Hiebszüge und es verschwinden, ebenso wie in den vorgenannten Fällen, eigentlich die letzteren und nicht die ersteren aus unserer Eintheilung.

e) Bezeichnung und Festlegung der Eintheilung.

Die Art der Bezeichnung der Eintheilungslinien, sowie der einzelnen Waldtheile selbst ist wohl für die Hiebsordnung nebensäch- lich, nicht aber für den Zweck der Übersicht und leichten Orientirung; ebenso steht die Festlegung (Vermarkung) der Eintheilungslinien und die Breite ihres Aufhiebes mit dem Zwecke der bleibenden Sicherung unseres geodätischen Grundnetzes und der angestrebten freieren Be- wirtschaftung der einzelnen Waldtheile direct im Zusammenhang.

Es will mir scheinen, daß auch hierin, ebenso wie in der Eintheilung selbst, an bestimmten Regeln allzusehr festgehalten und dem Nebensächlichen oft eine zu große Bedeutung beigemessen werde, wodurch die an sich einfache Sache unnöthig compliciert wird.

Die Bezeichnung der Betriebsclassen mit großen lateinischen Buchstaben (A, B 2c.), der Abtheilungen mit fortlaufenden arabischen Ziffern (1, 2 2c.) und der einzelnen Bestände in diesen mit kleinen lateinischen Buchstaben (a, b 2c.) ist als einfach und zweckmäßig beizubehalten; auch die von Judeich und Neumeister empfohlene Regel, die Nummernfolge der Abtheilungen innerhalb der einzelnen Schlagtouren nach dem Gange des Hiebes zu richten und so damit bereits die Richtung der Hiebsfolge zum Ausdruck zu bringen, kann als zweckmäßig zur Einhaltung empfohlen werden. Im übrigen möge es freigestellt bleiben, die Nummernfolge im einzelnen Falle den gegebenen Verhältnissen anzupassen und wären dabei mehr die je nach Terrain und Configuration zusammengehörigen Waldtheile als eine bestimmte Reihenfolge zu berücksichtigen. Die Generalregel, mit der Numerierung stets in der nordöstlichen Ecke zu beginnen und gegen West, beziehungsweise Süd fortzuschreiten, kann unmöglich allen Verhältnissen entsprechen.*)

Die localen Namen einzelner Waldorte mögen für die betreffenden Abtheilungen beibehalten werden; für jede Abtheilung einen solchen aufzustellen, oder der Localnamen wegen außer den Abtheilungen und Hiebszügen noch Districte zu bilden, ist überflüssig. Auch die Hiebszüge bedürfen, da sie nicht selbständige Wirtschaftseinheiten und auch nicht als eine ständige Einrichtung aufzufassen sind, keiner besonderen Bezeichnung.

Eine strenge und consequente Unterscheidung zwischen Hiebszugs und Abtheilungsgrenzen ist nur bei der künstlichen Schneiseineintheilung möglich und gleichsam von selbst gegeben; bei dem Terrain folgenden Eintheilungen, wo die Richtungen der Hiebszüge oft senkrecht aneinanderstoßen (vergl. die Eintheilungsskizze Fig. 6), kommen mancher Linie beide Eigenschaften zu oder es hat eine fortlaufende Linie abwechselnd den einen oder den anderen Charakter.

Es muß also hier von der strengen Unterscheidung oft abgesehen werden, wenn die Bezeichnung des Eintheilungsnetzes nicht unnöthig compliciert werden soll. Im Plenterwalde ist eine solche Unterscheidung überhaupt ganz unnöthig.

---

*) Die oben in Fig. 4, 5 und 6 mitgetheilten Eintheilungs-Skizzen geben zugleich Beispiele für die Nummernfolge der Abtheilungen.

Es ist vielfach üblich geworden, alle Hiebszugsgrenzen als „Wirtschaftsstreifen" und alle Abtheilungsgrenzen als „Schneisen" zu bezeichnen, und doch entspricht dies keineswegs der ursprünglichen Bedeutung der beiden Worte. Eine Schneise ist ein im Walde künstlich eingelegter, meist geradlinig gedachter Durchhau, und es wurde solchen künstlichen Aufhieben, wenn sie als Trennungslinie zweier Hiebszüge in größerer Breite eingelegt sind, dann die Bezeichnung „Wirtschaftsstreifen"*) gegeben; ein Weg oder Graben, der eine Abtheilungsgrenze bildet, ist demnach keine Schneise, eine Straße, ein Bach, oder ein Bergrücken, der zwei Hiebszüge scheidet, kein Wirtschaftsstreifen, und von einer nicht vorwiegend durch künstliche Aufhiebe hergestellten Eintheilung sollte nicht als von einem „Schneisennetze", sondern als von einem „Eintheilungsnetze" gesprochen werden.

Die bei unseren Eintheilungen zumeist eingehaltene Regel, alle Trennungslinien der Hiebszüge breit, jene der Abtheilungen schmal aufzuhauen, entspricht keineswegs immer dem Zwecke der Eintheilung. Wo, wie in ausgedehnten Kiefernbeständen, mit der Trennung hauptsächlich eine leichtere Bekämpfung der Feuersgefahr oder Insectengefahr u. dgl. erzielt werden soll, ist es entsprechender, alle Linien in gleicher Breite von etwa 4 bis 5 Meter aufzuhauen, wie dies auch im Niederwalde meistens der Fall ist. Aber auch da, wo die Sicherung gegen Windwurfsgefahr als Hauptsache erscheint, sollte bei jeder Hiebszugsgrenze erst erwogen werden, ob ein breiter Trennungsstreifen nothwendig und angezeigt ist oder nicht. Wo diese Grenze auf scharfe, dem Winde exponirte Bergrücken oder Riegel fällt, soll der breite Aufhieb unterbleiben, weil hier die Sicherung gegen den Wind nur durch die Hiebsfolge und nicht durch einen Aufhieb erzielt werden kann; ebenso wäre ein breiter Aufhieb an ohnedies windgeschützten Orten, dann bei jenen Linien, welche im Hochgebirge die dem Plenterbetriebe zugewiesenen Abtheilungen des obersten Waldgürtels gegen die unterhalb liegenden Hiebszüge abgrenzen, ganz unnöthig. Umgekehrt kann es berechtigt sein, die seitliche Begrenzung der innerhalb ausgedehnter Schlagtouren gebildeten

---

*) Gerne würde ich anstatt des schwerfälligen und keineswegs bezeichnenden Wortes „Wirtschaftsstreifen" eine kürzere und treffendere Bezeichnung eingeführt sehen. In Österreich war und ist zum Theil noch für solche breite Aufhiebe, die früher vornehmlich zu Jagdzwecken eingelegt wurden, die Bezeichnung „Allee" üblich, doch entspricht dies nicht der eigentlichen Bedeutung des Wortes „Allee."

kleineren Hiebszüge, welche meist in die Richtung der „Schneisen" fallen, dauernd mit einem breiteren Aufhiebe zu versehen. Im Hochgebirge, wo es an Bestandesunterbrechungen durch Gräben, Lawinengänge u. dgl. in der Regel nicht fehlt und die Hiebszüge meist unten durch die Thalsohle und oben durch den Bergrücken oder den sogenannten Plentergürtel begrenzt sind, ist zur Einlegung solcher breiten Wirt= schaftsstreifen nur ausnahmsweise, hauptsächlich bei der Untertheilung breiter Berglehnen, dann bei den auf niedere und flache Riegel oder Kuppen fallenden Hiebszugsgrenzen, der Anlaß gegeben, wie dies auch unsere Eintheilungsskizze Fig. 6 auf Seite 41 zeigt, in welcher nur die doppelt ausgezogenen Linien den Charakter eigent= licher Wirtschaftsstreifen haben.

Um die einzelnen Eintheilungslinien in einfacher und kurzer Weise benennen zu können, ist es ganz zweckmäßig, diesen Linien eine Bezeichnung mit fortlaufenden Nummern oder Buchstaben beizu= legen; überflüssig aber ist es, diese letztere Bezeichnung auch auf Bäche, Gräben, Straßen u. dgl., welche bereits bestimmte Namen haben, auszudehnen. Auch hier ist die übliche Unterscheidung, die Hiebszugsgrenzen mit Buchstaben und die Abtheilungslinien mit Num= mern zu bezeichnen, vorwiegend der regulären Eintheilungstype angepaßt, wo durch diese Art der Benennung bereits der Charakter und die Richtung der betreffenden Linien, und zwar der ersteren vorwiegend ostwestlich, der letzteren meist nordsüdlich, zum Ausdruck kommt. Anders aber bei Eintheilungen in complicierterem Terrain, wo jener Unterschied weniger bestimmt hervortritt und die einzelnen Linien nicht durch den ganzen Complex durchgeführt werden können, daher hier oft mehrere Alphabete bloß zur Bezeichnung der Hiebszugs= grenzen nothwendig werden, und auch, wie bereits oben erwähnt, ein und dieselbe Linie in einzelnen Strecken ihres Verlaufes eine verschiedene Bezeichnung erhalten müßte. Hier, sowie im Plenter= walde, wäre es wohl einfacher, sämmtliche Linien der Eintheilung mit fortlaufenden Nummern zu bezeichnen. Diese Numerierung, sowohl der Abtheilungen als auch der Eintheilungslinien, sollte nicht über zu große Complexe, jedenfalls nicht über einen Wirtschaftsbezirk ausgedehnt werden, weil die Übersichtlichkeit verloren geht, wenn sich diese Nummern über die Zahl von mehreren Hundert erstrecken.

Die Sicherung des Eintheilungsnetzes durch Vermarkung des= selben, womit gleichzeitig ein Netz geodätisch genau festgelegter Fix= punkte über den ganzen Wald dauernd erhalten und die Orien= tierung im Walde erleichtert wird, ist ein wesentlicher Vortheil

unserer neueren Einrichtungen. Hiezu dürfte aber bei nicht allzu=
großen Abtheilungen die Vermarkung der Eckpunkte und allenfalls
inzwischen liegender Brechungspunkte der Begrenzungslinien genügen,
da es bei den heutigen geodätischen Hilfsmitteln keiner Schwierigkeit
unterliegen kann, jede Nachtragsmessung von diesen Fixpunkten aus
mit Sicherheit zu bewerkstelligen. Ein Allzuviel in dieser Richtung
erscheint mir schon mit Rücksicht auf die Kosten und die nothwendige
weitere Erhaltung und Beaufsichtigung aller dieser Sicherungsmarken
nicht zweckmäßig. Für die Vermarkung selbst gibt man behauenen
Steinen wegen ihrer Dauerhaftigkeit mit Recht den Vorzug; wo
diese nur mit größeren Kosten zu beschaffen sind, leisten auch be=
hauene, etwa 1 Meter hohe Holzpfähle, womöglich aus Eichen= oder
Lärchenholz, gute Dienste, und sind selbe, als leicht sichtbar, für die
Orientierung im Walde sogar besser als die Steine. In Gebirgs=
forsten können oft vorhandene Lagersteine für die Markierung der
Eintheilungslinien mit Vortheil benützt werden; doch wären denselben
zur leichteren Auffindung stets gut sichtbare Holzpflöcke beizusetzen.

Daß diese Sicherungsmarken an möglichst geschützter Stelle,
also in der Regel am Rande und nicht in der Mitte der Schneissen
anzubringen sind, ist selbstverständlich; daß dies aber immer die Nord=,
bezw. Oständer sein müssen, ist eine jener Vorschriften, die nur
auf ganz bestimmte Verhältnisse zugeschnitten sind.

Für die Orientierung sollten an diesen Grenzzeichen jedenfalls die
Nummern der angrenzenden Abtheilungen in der entsprechenden Richtung
angebracht werden; außerdem pflegt man noch die Bezeichnung der
Eintheilungslinien und die fortlaufende Nummer des betreffenden
Fixpunktes in diesen darauf ersichtlich zu machen, wodurch aber die
Bezeichnung an den Schnittpunkten mehrerer Linien sehr compliciert
wird. Wo man auf die Benennung der Eintheilungslinien kein
besonderes Gewicht legt, kann die letztere Art der Bezeichnung auch
ganz entfallen, da die Angabe der Abtheilungsnummern sowohl für
die Orientierung als auch für die Feststellung des betreffenden Fix=
punktes in den meisten Fällen vollkommen ausreichend ist.

Die Grenzen der innerhalb einer Abtheilung ausgeschiedenen Be=
stände sind in ihrem Verlaufe am besten durch an Bäumen angebrachte
Täfelchen, welche die entsprechende Bezeichnung enthalten, ersichtlich
zu machen.

d) Periodenzuweisung.

Wir können diesen Abschnitt über Waldeintheilung und Be=
standesordnung nicht wohl abschließen, ohne noch jener Art der

Darstellung der für künftig geplanten Bestandes- und Altersclassenordnung zu gedenken, welche gewöhnlich als „Periodenzuweisung"
bezeichnet wird, weil sie darin besteht, daß die einzelnen Abtheilungen
den Perioden des Umtriebes als Nutzungsflächen zugewiesen werden.

Es erfolgt dies bekanntlich dadurch, daß auf der Karte in die
einzelnen Abtheilungen die betreffenden Periodenziffern im Sinne
der Hiebsfolge, sowohl innerhalb der Hiebszüge als auch zwischen diesen
selbst im Sinne der angestrebten Flankendeckung, eingetragen werden,
so daß damit ein Schema der als „ideal" gedachten Hiebsordnung
entsteht. Dabei wird in der Regel auch die Gleichheit der Flächen-
summen der den einzelnen Perioden zugewiesenen Abtheilungen im
Sinne des normalen Altersclassen-Verhältnisses angestrebt.

Über den Wert, oder vielmehr Unwert, dieser Periodenzuweisung als Grundlage des Betriebsplanes werden wir im nächsten
Abschnitte zu sprechen Gelegenheit haben; aber auch für die Darstellung der Hiebsfolge und künftigen Bestandesordnung können wir
derselben nur wenig Wert beimessen, umsoweniger, als diese Zuweisung, beziehungsweise das Eintragen der Periodenziffern, meist ganz
schablonenhaft erfolgt, so daß mit der Zuweisung einiger weniger,
ja mitunter nur einer einzigen Abtheilung, jene aller übrigen
Abtheilungen von selbst gegeben ist, und daher jede Berücksichtigung
der gegebenen Bestandesverhältnisse dabei entfällt. In den meisten
Fällen dürfte es vollständig genügen, wenn die einzelnen Hiebszüge
durch Pfeile, welche die betreffenden Abtheilungen verbinden und zugleich
die Richtung des Hiebes andeuten, ersichtlich gemacht werden, wobei
noch bei Hiebszügen, welche unter sich eine Flankendeckung erfordern, durch kleine, auf die Pfeile gesetzte Ziffern die Reihenfolge
des Anhiebes in denselben ersichtlich gemacht werden kann. (Vergl.
die folgende Fig. 7, S. 66.)

Will man aber durchaus ein Bild der aus dem gegenwärtigen
Stande etwa herzustellenden Bestandes- und Altersclassenordnung im
Sinne der Periodentheilung sich verschaffen, so geschehe dies unter
Verzicht auf durchwegs vollständige Hiebszüge und auf strenge An-
reihung dieser untereinander, mit gänzlicher Vermeidung der Schablone und in möglichstem Anschlusse an die gegebenen Bestandesverhältnisse.

Aber selbst eine solche Periodenzuweisung zwingt uns, die einzelnen
Abtheilungen strenge als Periodenfächer aufzufassen und ihre Unifor-
mierung in eine Altersclasse und Bestandesform anzustreben, was

4

zumeist mit den gegebenen Bestandesverhältnissen nicht wohl vereinbar ist und daher auch den Grundsätzen einer wirklichen Bestandeswirtschaft widerspricht. Es kann in dem einen Falle nothwendig oder wünschens- wert sein, mindestens zwei aufeinanderfolgende Abtheilungen in einer Periode zu nutzen, dieselben also mehr als Decennalflächen auf- zufassen, in anderen dagegen kann sich der Hieb auch durch mehr als eine Periode in einer Abtheilung bewegen, wie dies namentlich bei den neuestens empfohlenen ganz kleinen Hiebszügen der Fall sein würde.

Auch der Ausgleichung der Gesammt-Periodenflächen, wie selbe in deren Zusammenstellung als „Nachweis des idealen Altersclassen- verhältnisses" oft mühsam bewerkstelligt wird, kann ich keinen be- sonderen Wert beimessen, weil jenes vermeintliche Idealbild einer abtheilungsweisen Altersclassenordnung, wie es die Periodenzuweisung auf der Karte schafft, in Wirklichkeit doch nie — und ich möchte in Hinblick auf manche solche, dem natürlichen Bilde des Waldes widerstrebende allzu strenge und schablonenhafte Regelungen sagen, Gott sei Dank, nie — vollends zur Durchführung gelangt. Die nachträgliche Flächenausgleichung ist im Sinne der Hiebsordnung insoferne nicht selten sogar nachtheilig, als ihr zuliebe manche an- fänglich ganz entsprechende Zuweisung wieder gewaltsam verschoben werden muß.

Die Voraussetzung dieser Periodenzuweisung und des darauf gestützten Altersclassen-Ideals ist die, daß der Hieb nach ganzen Abtheilungen geführt werden könne; dies ist aber mit den oft viel- fachen Bestandesunterschieden innerhalb der Abtheilungen ohne eine finanziell nicht zu rechtfertigende Gewaltthätigkeit nicht vereinbar. *) Als Grundlage für unsere Einrichtungsmaßnahmen und für den Betrieb sind, solange sie bestehen, die einzelnen Bestände in den Abtheilungen anzusehen; dabei wird es jedoch, um diese Grundlage zu vereinfachen und möglichst mit unserer Eintheilung in Einklang zu bringen, berechtigt sein, dahin zu streben, daß einerseits schon bei der ersten Aufnahme der Bestandesausscheidungen innerhalb der Ab- theilungen jede Kleinlichkeit vermieden werde, und daß anderseits durch

---

*) Das früher vielfach beliebte Auskunftsmittel, für verschiedenalterige Be- stände einer Abtheilung das Durchschnittsalter zu berechnen und die Abtheilung dann der diesem Durchschnittsalter entsprechenden Periode zuzuweisen, ist ganz verwerflich, weil damit häufig dem richtigen Hanbarkeitsalter gar keines Bestandes entsprochen, und der Nachtheil der zu frühen Nutzung des einen Bestandes durch eine zu späte Nutzung des anderen nicht behoben wird.

die Bewirtschaftung die bestehenden Bestandesunterschiede nach Thun=
lichkeit ausgeglichen werden; d. h. es sollen die Bestände je einer
Abtheilung zwar nicht uniformiert, aber in ihrer Zahl nach Zu=
läffigkeit reduciert werden.

Aufstellung des Nutzungsplanes.

Den Abschluß der erstmaligen Einrichtung, sowie späterer Re=
visionen derselben bildet die Verfassung der Betriebspläne für den
nächsten Zeitraum. Als solche werden in der Regel neben dem
Hauungsplan (Nutzungsplan für die Abtriebs= und Zwischennutzungen)
noch ein Plan für die Nebennutzungen und der Cultur= oder Auf=
forstungsplan namhaft gemacht, welchen beiden letzteren jedoch nur
unter besonderen Verhältnissen eine größere Bedeutung zukommt.
Für die Regelung der Nebennutzungen genügt in den meisten Fällen
das, was in den „Allgemeinen Betriebsvorschriften" darüber fest=
gestellt oder angeordnet ist, und schon bisher schreitet man nur
ausnahmsweise, und zwar dort, wo entweder die finanzielle Be=
deutung bestimmter Nebennutzungen oder bestehende Berechtigungen
(insbesondere Streubezugsrechte) eine strengere Regelung dieser
Nutzungen nothwendig oder angezeigt erscheinen lassen, zur Auf=
stellung eines eigentlichen Planes für solche Nebennutzungen, womit
diese, ebenso wie die Holznutzungen, für die Dauer sichergestellt
und räumlich geordnet werden sollen.

Aber auch ein eigentlicher Aufforstungsplan erscheint nur dort
nothwendig, wo größere Culturaufgaben, sei es als Rückstände aus
früherer Zeit oder infolge Einbeziehung neuer Flächen zum Wald=
boden, zu bewältigen sind, in welchem Falle im Culturplane fest=
zustellen sein wird, welche dieser Culturen in der nächsten Zeit
(im nächsten Decennium) zur Ausführung gelangen sollen und
derselbe zugleich eine Übersicht der gesammten Culturaufgaben
und vielleicht auch der damit verbundenen Kosten für diesen Zeit=
raum bieten soll. Wo sich das Aufforstungswesen, sei es vorwie=
gend auf natürlichem oder künstlichem Wege, schon bisher in
geordnetem Gange befindet, dort genügt eine einfache Zusam=
menstellung der nachbesserungsbedürftigen oder neu aufzuforstenden
Flächen. Specielle Anordnungen über die Art der Culturausführung
in einem solchen Decennal=Culturplan zu geben, halte ich nicht für
zweckmäßig, umsomehr, als es sich dabei vielfach um Flächen handelt,
die zur Zeit der Verfassung dieses Planes noch mit Altwald bestockt

4 *

find. Im allgemeinen sind auch hier die bereits in den Betriebs=
vorschriften enthaltenen Bestimmungen über die Wahl der Holzarten,
die Art der Bestandesbegründung 2c. maßgebend; im besonderen wäre
aber die Entscheidung dem Wirtschaftsführer (event. im Einverneh=
men mit der Wirtschaftsleitung) je nach den inzwischen sich erge=
benden Verhältnissen zu überlassen.

Der aufzustellende Hauungsplan dagegen ist die Grundlage
des gesammten Betriebes für die nächste Zeit, er ist maßgebend
für die Höhe des Ertrages innerhalb dieser. Es ist daher selbstver=
ständlich, daß gerade für diesen Theil der Betriebseinrichtung die
sorgfältigste Erwägung platzgreifen muß, daß die Feststellung
desselben nicht einseitig bloß durch den Betriebseinrichter, sondern
stets im Einvernehmen mit dem Wirtschaftsführer erfolgen soll,
und daß gerade hier den Verhältnissen, beziehungsweise den In=
tentionen des Waldbesitzers möglichst Rechnung zu tragen ist. In
diesem Nutzungsplane — in der Höhe der damit beantragten Ge=
sammtnutzung, in der Auswahl und Vertheilung der Nutzungs=
flächen, in dem Antrag der Lichtungshiebe, Durchforstungen 2c. —
muß die Tendenz der ganzen Einrichtung zum Ausdruck kommen,
denn alle diese Dispositionen sind für die Rente und Rentabilität
der Wirtschaft, sowie für die Gestaltung des zukünftigen Wald=
bildes weit maßgebender, als die schönen Principien, welche wir
häufig in den Grundlagen= oder Motivenberichten einer solchen
Einrichtung über Bestandesordnung, Finanzwirtschaft u. dgl. ent=
wickelt finden, während der aufgestellte Nutzungsplan dabei oft
den elementarsten Forderungen einer solchen Wirtschaft nicht ent=
spricht.

Bei den Fachwerksmethoden, wie selbe in mehr oder weniger
ausgeprägter Form unseren heutigen Betriebseinrichtungen zumeist
zugrunde gelegt sind, geht der Aufstellung des Hauungsplanes
für die nächste Wirtschaftsperiode bekanntlich jene eines sogenann=
ten „generellen" Betriebsplanes*) für die ganze Umtriebszeit voraus,
und für den letzteren dient wieder das durch die Periodenzuwei=

* Dies ist ein in tabellarischer Form aufgestellter Plan, mit welchem
die einzelnen Bestände (Unterabtheilungen) den Perioden des Umtriebes oder
des Einrichtungszeitraumes als Nutzungsflächen zugewiesen werden. Grebe be=
zeichnet denselben als „Flächenangriffsplan", Dr. Graner als „Einrichtungs"= oder
auch „Flächeneinrichtungsplan", Judeich als „allgemeinen Hiebsplan", Wim=
menauer als „Hauptwirtschaftsplan".

fung*) ausgedrückte Ideal der Altersclassenordnung als Vorbild und Grundlage. Dieser Weg für die Aufstellung des speciellen Nutzungs= planes ist also ein ziemlich complicierter und — wie wir gleich hinzusetzen können — ein den Grundsätzen einer Bestandeswirtschaft gewiß nicht entsprechender, indem nicht der wirkliche Zustand des Waldes und der einzelnen Bestände, sondern ein von diesem ganz abstrahierendes und meist viel zu schablonenschaft aufgefaßtes Ideal der Bestandesordnung die erste und entscheidende Grundlage dieses Nutzungsplanes bildet. Zwar wäre der Aufstellung des allgemeinen Hiebsplanes die Aufgabe vorbehalten, bei der Einordnung der ein= zelnen Bestände in die Nutzungsperioden des Umtriebes zwischen diesen beiden Gegensätzen, dem Ideal und der Wirklichkeit, zu ver= mitteln; in der Regel findet aber hiebei das erstere viel mehr als die letztere Berücksichtigung,**) und so kann auch der als endgiltige Grundlage des Betriebes aufzustellende Hauungsplan für das nächste Jahrzehnt, nachdem derselbe sich strenge in dem Rahmen jenes allgemeinen Hiebsplanes zu halten hat, den thatsächlichen Bestandesverhältnissen zumeist nur sehr wenig Rechnung tragen.

Man mag der Eintragung der Periodenziffern in die Ab= theilungen zur Versinnlichung einer besseren Bestandesordnung viel= leicht einen Wert beimessen (obwohl wir sie im letzten Abschnitte auch für diesen Zweck als entbehrlich erkannt haben); als Grund= lage des Nutzungsplanes genommen, ist diese Periodenzuweisung aber, wenn man sie dabei nur ein wenig oder nicht berücksichtigt, überflüssig, soferne sie aber vorwiegend Berücksichtigung findet, ge=

---

*) Wir verstehen hier unter „Periodenzuweisung", wie schon aus den Ausführungen des vorhergehenden Abschnittes (siehe Seite 49) hervorgeht, die Zuordnung der Abtheilungen an die Perioden des Umtriebes im Sinne einer idealen Hiebsfolge= und Altersclassenordnung. Indeß bezeichnet diese durch Einschreiben der Periodenzahlen in die Abtheilungen erfolgende Zu= ordnung in seiner „Forsteinrichtung" (5. Auflage, S. 336) als „Periodenein= theilung", gegen welche die obige, in Österreich übliche Bezeichnung den Vorzug verdienen dürfte. In seiner bekannten Abhandlung „Über den Wert der Perioden= eintheilung" (Tharander, Forstliches Jahrbuch 1868) hat Judeich unter Perioden= eintheilung jedoch nicht nur die Darstellung einer idealen Bestandesordnung sondern die Vertheilung der Nutzungsflächen auf die einzelnen Zeitperioden überhaupt verstanden, daher jene Abhandlung vorwiegend gegen die Aufstellung eines allgemeinen Hiebsplanes im Sinne der Fachwerksmethoden gerichtet ist.

**) Sagt doch auch Dr. Graner in seiner „Forstbetriebseinrichtung", daß die Rücksicht auf die wirtschaftlich zweckmäßigste Abtriebszeit in der Regel gegen die Ordnung der Periodenfolge innerhalb des einzelnen Hiebszuges zurück= treten müsse!

radezu nachtheilig, weil der finanziell zweckmäßigsten Benützung der
einzelnen Bestände zumeist direct entgegenstehend.

Es wäre also an der Zeit, von dieser Form der Aufstellung
eines Ideals der Bestandesordnung, welche schon deßhalb, weil sie
nicht die einzelnen Bestände, sondern die ganzen Abtheilungen als
die Einheit ihrer Dispositionen annimmt, mit der Wirklichkeit in
Widerstreit gerathen muß, in Hinkunft ganz abzusehen, und auch
dort, wo solche Zutheilungen bei gegebenen Betriebseinrichtungen
zugrunde gelegt sind, denselben bei den weiteren Revisionen der
Einrichtung nur einen ganz nebensächlichen Einfluß einzuräumen.*)

Ebenso können wir aber auch die Aufstellung eines allgemeinen
Hiebsplanes oder die Einordnung aller Bestände in die Perioden
des ganzen Umtriebes, womit im Sinne des Flächenfachwerkes der
Nachweis einer genügenden Dotierung jeder Periode mit Nutzungs=
flächen erbracht und gleichzeitig auch die Reihenfolge des Abtriebes
im Sinne der idealen Hiebsordnung im vorhinein festgestellt werden
soll, für unsere heutige Einrichtung als entbehrlich bezeichnen.

Die Meinung, daß der Gang der Nutzungen im Forstbetrieb
durch die erstmalige Einrichtung bis ins kleinste auf ein Jahr=
hundert im voraus geregelt werden könne, welche bei älteren Ein=
richtungen noch zuweilen durch den besonderen Zusatz der ge=

---

*) Es mag manchem meiner geehrten Leser vielleicht überflüssig erscheinen,
heute noch gegen die Aufstellung eines Hiebsfolge-Ideals im Wege der Perioden=
zuweisung und gegen dessen Berücksichtigung bei Verfassung der Nutzungspläne
anzukämpfen, nachdem Ich doch in der vorgenannten Abhandlung schon vor mehr
als fünfundzwanzig Jahren die Periodeneintheilung als „ganz überflüssig" erklärt
hat und dieselbe auch bei den meisten neueren Einrichtungen bereits fallen ge=
lassen wurde. Gleichwohl finden wir sie bei der Einrichtung einzelner großer
Verwaltungen noch in voller Geltung, und es würde nicht schwer sein, auch noch
aus neuerer Zeit Fälle namhaft zu machen, in welchen überhiebsreife, bereits
mit vollem Unterwuchs versehene Altbestände noch durch einige Decennien am
Stocke belassen und dagegen kaum verwertbare jüngere Bestände zum Hiebe ge=
bracht wurden, ohne jede zwingende wirtschaftliche Nothwendigkeit, sondern bloß
deshalb, weil bei der Periodenzuweisung zufällig in die letztere Abtheilung die
Periodenzahl I, in die erstere aber die Zahl II oder III zu stehen kam. Das
sind doch wohl allzugroße Opfer, die in solchen Fällen einem sehr zweifelhaften
und in Wirklichkeit doch nie herzustellenden Ideale gebracht werden!

Von den neueren Werken über Forsteinrichtung behandelt Dr. Grauers
„Forstbetriebseinrichtung" (Tübingen 1889) die Periodenzuweisung eingehender,
doch spricht sich der Autor ausdrücklich gegen eine schablonenhafte Auffassung und
starre Durchführung der Periodenfolge aus.

nehmigenden Stelle Ausdruck fand, daß „der aufgestellte Nutzungsplan auch für alle Zukunft strenge einzuhalten" sei — diese Meinung
ist heute ein längst überwundener Standpunkt, nachdem die Er-
fahrung überall und immer wieder gezeigt hat, daß in der Forstwirtschaft alle Vorausbestimmungen auf selbst bedeutend kürzere
Zeiträume hinfällig sind, da einerseits elementare und sonstige
Störungen des aufgestellten Planes nicht vorausgesehen werden
können, und andererseits der Betrieb und dessen Einrichtung stets
den im Laufe der Zeit sich ändernden Verhältnissen des Absatzes,
des Transportes oder auch des Waldbesitzers selbst angepaßt
werden muß. Diese Erkenntnis hat den zeitweiligen Revisionen
der Einrichtung ihre gegenwärtige Bedeutung verliehen und diesen
die Aufgabe zugewiesen, die man früher durch die Aufstellung des
allgemeinen Hiebsplanes zu erreichen glaubte.

Für die Anbahnung einer besseren Bestandesordnung gibt die
Bildung der Hiebszüge und die entsprechende Vertheilung und An-
reihung der Nutzungsflächen für die nächstliegenden Jahrzehnte,
etwa in der Darstellung, wie sie die folgende Figur 7 (Seite 66)
zeigt, eine ausreichende Grundlage, und die Nachhaltigkeit für die
späteren Nutzungsperioden ist durch die Zuweisung eines der festgestellten Umtriebszeit entsprechenden Flächenausmaßes von Beständen
an die Gesammtheit dieser Perioden insoweit gewährleistet, als dies
wirtschaftlich nothwendig und nach der Unsicherheit aller Voraus-
bemessungen überhaupt möglich ist. Man darf nicht übersehen, daß
auch durch die sorgfältigste Ausgleichung der den einzelnen Perioden
zugewiesenen Nutzungsflächen die strengste Nachhaltigkeit nicht erreicht oder nachgewiesen ist, da diesen gleichen Flächen zumeist er-
heblich ungleiche Erträge entsprechen werden.

Es wird also der gegenwärtigen Aufgabe der Betriebseinrichtung in den meisten Fällen vollkommen genügen, wenn die Dispositionen derselben bezüglich der Größe und der räumlichen Ordnung
der Nutzungen auf den nächstliegenden Zeitraum von zwei bis vier
Jahrzehnten getroffen werden, wogegen alle weiteren Bestimmungen
bezüglich der sodann noch verbleibenden Bestände beruhigt den folgenden Revisionen überlassen werden können.

Nach dieser Auffassung kann in Zukunft für die Einrichtung
der Rahmen der Periodeneintheilung, wie er bisher noch zumeist
bei unseren Betriebseinrichtungen eingehalten wird, ganz entfallen,
da für die Eintheilung unseres, nunmehr bedeutend kürzeren Ein-

richtungszeitraumes besser der Zeitabstand der einzelnen Revisionen — also nach der heute fast allgemein geltenden Übung ein Jahr= zehnt — anzunehmen sein wird.

Will man aber dennoch bei einer erstmaligen Einrichtung nicht auf die Aufstellung eines allgemeinen Nutzungsplanes für die ganze Umtriebszeit verzichten, — und es ist anzuerkennen, daß dem Einrichter damit oft eine anziehende und belehrende Aufgabe gestellt ist, — so wäre die Zeiteintheilung in Perioden der leichteren Übersicht wegen beizubehalten; es wäre aber ein solcher Hiebsplan immer nur als eine vorläufige und versuchsweise aufgestellte Disposition zu betrachten, welche lediglich zum Ausdruck bringen soll, wie der Gang der Nutzungen und das Bild der künftigen Bestandesordnung gedacht werden kann, keinesfalls aber wäre derselbe als eine bin= dende Norm anzusehen, und demnach auch nicht, wie dies bei dem speciellen Nutzungsplan für den nächsten Zeitraum der Fall ist, als solche der Genehmigung des Waldbesitzers, beziehungsweise dessen oberster Verwaltungsstelle, zu unterziehen, damit nicht das, was wir heute als das Gute erachten, dem, was die Zukunft als das Bessere erkennt, hindernd im Wege stehe!

Wenn wir es nach dem Vorstehenden als unnöthig, ja in vielen Fällen selbst zwecklos erkannt haben, die Einzelbestimmungen des Nutzungsplanes jetzt schon bis auf die letzten Perioden des laufenden Umtriebes, oder wohl gar noch in den nächstfolgenden Umtrieb hinein auszudehnen, so würde uns eine Beschränkung des= selben bloß auf den nächsten Revisionszeitraum, also auf das erste Decennium, ebenso als unzureichend für die Klarstellung des Nutzungs= ganges, wie noch mehr als bedenklich hinsichtlich der Sicherung eines wenigstens annähernd gleichmäßigen Ertrages erscheinen. Zum mindesten wäre stets neben dem Nutzungsplane für das erste Jahr= zehnt sogleich auch ein solcher — jedoch ausdrücklich nur als vor= läufig zu bezeichnender — für das nächstfolgende Jahrzehnt zu verfassen; in den meisten Fällen aber wird es sich empfehlen, den Nutzungsplan auch noch auf weitere ein oder zwei Decennien — soweit eben eine ziemlich sichere Vorausbemessung der Holzmassen= erträge möglich ist — auszudehnen. Wo die Bestandesverhältnisse geordnete sind und auf strengere Nachhaltigkeit der Erträge weniger Gewicht zu legen ist, mag der summarische Nachweis, daß auch diese beiden letzteren Zeiträume mit nutzbaren Bestandesflächen aus= reichend gedeckt sind, genügen; bei der Einrichtung von Forsten jedoch, für welche die Nachhaltigkeit der Nutzungen möglichst ge=

sichert werden soll (Fideicommiß= oder Stiftungsforste u. dgl.), ferner auch bei sehr abnormen Bestandesverhältnissen, wäre die specielle Dis= position der Nutzungsflächen und der Nachweis der voraussichtlichen Holzmassenerträge derselben auch auf das dritte oder selbst vierte Jahr= zehnt auszudehnen, in welchem letzteren Falle dieser Nachweis zweck= mäßig für die beiden letzten Decennien (also für die zweite Periode im bisherigen Sinne) zusammengefaßt werden kann.

Eine solche Einrichtung bewegt sich demnach, insoferne dabei auch die normale periodische Nutzungsfläche als Regulator des Hiebssatzes Anwendung und Berücksichtigung findet, im wesentlichen in demselben Rahmen, wie die bisherigen Einrichtungen nach dem combinierten Fachwerke, bei welchem gleichfalls die Berechnung und Ausgleichung der Holzmassenerträge zumeist auf die beiden ersten Perioden beschränkt wurde; mit dem Unterschiede jedoch, daß hier die Vertheilung der nach Schluß des ersten Einrichtungszeitraumes verbleibenden Bestandesflächen auf die weiteren Perioden des Um= triebes unterlassen, beziehungsweise den späteren Revisionen vor= behalten wird, daß ferner der specielle Nutzungsplan nicht aus einem allgemeinen Hiebsplan hervorgeht, sondern für sich auf Grund der gegebenen Bestandsverhältnisse aufgestellt wird, daß endlich die Einhaltung der normalen Nutzungsfläche, sowie auch eine Aus= gleichung der Holzmassenerträge für die ersten Jahrzehnte keineswegs unbedingt gefordert, sondern beides nur insoweit hergestellt wird, als dies mit dem obersten Grundsatze unserer Einrichtung, der finan= ziell zweckmäßigsten Benutzung der vorhandenen Bestände, vereinbar, oder auch aus besonderen Gründen privat= oder vermögensrecht= licher Natur erforderlich ist.

Insbesondere die Berechnung der Holzmassenerträge für die dem ersten Nutzungszeitraum unmittelbar nachfolgenden Decennien erfolgt bei unserer Einrichtung vorwiegend nur zu dem Zwecke, um dem Einrichter sowie dem Waldbesitzer eine Übersicht dieser in der nächsten Zeit zu erwartenden Erträge zu bieten; die Frage, ob und inwieweit eine Ausgleichung dieser Erträge, falls selbe in den ein= zelnen Decennien des Einrichtungszeitraumes wesentlich differieren sollten, herzustellen sei, ist dann Gegenstand einer besonderen wirt= schaftlichen Erwägung.

Als Hauptgrundlagen für die Aufstellung des Nutzungsplanes haben demnach zu dienen:

1. Die aus der Bestandesbeschreibung zu entnehmende Zu= sammenstellung aller hiebsreifen Bestände nach deren Flächengröße

und Holzvorrathsmenge, beziehungsweise — bei ungleichalterigen Beständen — der Nachweis der in diesen enthaltenen Holzmasse an hiebsreifen Stämmen;

2. die Größe der normalen Nutzungsfläche $\frac{F}{u}$ n für je einen njährigen Zeitraum (also zumeist der normalen Decennal=Nutzungs= fläche) im Zusammenhalte mit dem aus der Altersclassen=Tabelle er= sichtlichen gegenwärtigen Stande der Altersclassen;

3. die in der Bestandeskarte gegebene Übersicht der gegen= wärtigen Lage und Vertheilung der hiebsreifen Bestände im Zu= sammenhalte mit der auf derselben Karte oder in einer besonderen Eintheilungsskizze dargestellten Hiebszugsabgrenzung und Hiebsfolge= ordnung;

4. für die zu beantragenden Zwischennutzungen, Lichtungs= hiebe u. dgl. die betreffenden „wirtschaftlichen Notizen" der Be= standesbeschreibung.

So selbstverständlich es jedem Unbefangenen erscheinen dürfte, daß bei Feststellung des Nutzungsplanes für irgend einen Wald= besitz in erster Linie die Frage gestellt werden müßte, wieviel denn eigentlich an nutzbarem, d. h. hiebsreifem Materiale vorhanden sei, so wurde doch eine klare Beantwortung dieser Frage bei den früheren Einrichtungen zumeist ganz unterlassen oder doch derselben nur ein ganz untergeordneter Einfluß eingeräumt, weil die Wahrung der strengen Nachhaltigkeit und die Herstellung des diesem Principe entsprechenden Normalstandes gegen alle anderen wirtschaftlichen Rücksichten in den Vordergrund gestellt war. Erst durch Ju= deich wurde ein solcher Nachweis aller hiebsreifen Bestände als die Hauptgrundlage des Nutzungsplanes eingeführt, und man kann daher in der Aufstellung und vorwiegenden Berücksichti= gung dieses Nachweises eines der charakteristischen Merkmale des Einrichtungsverfahrens nach der Bestandeswirtschaft gegen= über den bisher vorwiegend geltenden Einrichtungsmethoden er= kennen.

Die Hiebsreife kann dabei, unbeschadet der Einrichtungs= methode selbst, je nach dem Zwecke, der mit der Wirtschaft ver= bunden wird, verschieden aufgefaßt und daher auch in verschiedener Weise festgestellt werden; für eine finanzielle Wirtschaft, welche das Princip der Rentabilität anerkennt, kann die Beurtheilung der

Hiebsreife eines Bestandes selbstverständlich nur im Sinne einer noch ausreichenden Verzinsung seines Geldwertes durch den Wert= zuwachs, die Feststellung derselben also am einfachsten und besten durch das Weiserprocent erfolgen. Zweckmäßig werden dabei die betreffenden Bestände in „entschieden hiebsreife" und in solche, welche zwar die Grenze der Haubarkeit erreicht haben, aber ohne wesentlichen Nachtheil noch wenigstens ein Jahrzehnt am Stocke be= lassen werden können (nach Judeich die bezüglich ihrer Hiebsreife „zweifelhaften" Bestände), zu unterscheiden und hienach auch getrennt auszuweisen sein; ferner ist in dieser Zusammenstellung in der An= merkung oder in einem besonderen Beisatze ersichtlich zu machen, welche von diesen hiebsreifen Beständen etwa erst nach dem Ab= triebe eines anderen, im Sinne der Hiebsfolge vorliegenden Be= standes, oder nach vorheriger Einlegung eines Loshiebes zum Abtrieb gelangen können, oder auch, wo die vorhandenen Transportmittel die lohnende Verwertung eines Bestandes dermalen noch nicht er= möglichen.*)

Des sogenannten „Haubarkeitsalters", welches bei der Auf= stellung der Nutzungspläne in den bisherigen Einrichtungen eine entscheidende Rolle spielte, habe ich hier absichtlich keine Erwähnung gethan, weil das Alter für die Haubarkeit eines Bestandes eben= sowenig allein entscheidend ist, als für die Hiebsreife der einzelnen Stämme des Plenterwaldes.

Man kann wohl für bestimmte Wachsthums= und Absatz= verhältnisse ein dem großen Durchschnitte der Bestände entsprechendes Haubarkeitsalter feststellen, nach welchem sodann die Höhe der Umtriebszeit bemessen wird; für die Hiebsreife des Einzelbestandes ist aber nicht dessen Alter, sondern lediglich der Umstand entscheidend, ob dessen alsbaldige oder erst spätere Nutzung vortheilhafter ist. Im ersteren Falle ist der Bestand hiebsreif, im zweiten nicht, mag

---

*) Judeich unterscheidet in der vorcitierten Abhandlung (Tharander, Forstliches Jahrbuch 1868) sehr treffend zwischen Hiebsreife und Hiebsfähigkeit eines Bestandes, indem er als obersten Grundsatz für die Ertragsbestimmung auf= stellt: „Jeder hiebsreife Bestand ist abzutreiben, sobald er auch hiebsfähig ist; kein wirtschaftlich unreifer Bestand ist ohne Nothwendigkeit zu opfern!" Die Hiebsfähigkeit eines Bestandes hängt aber nicht nur von Rücksichten auf die Hiebsfolge ab, sondern oft wesentlich auch von der Möglichkeit einer lohnenden Ausbringung des Holzes; das letztere gilt insbesondere für kleinere Bestände und Bestandesreste, für welche etwa erst eine besondere Bringungseinrichtung herge= stellt werden müßte.

er nun das obige, für den Durchschnitt fixierte Haubarkeitsalter noch nicht erreicht oder bereits überschritten haben. *)

Ebenso wie für den schlagweisen Betrieb und dessen mehr oder weniger gleichalterigen Bestände soll aber auch für die ungleich= alterigen Betriebsformen, den Mittelwald und den Plenterwald, die Klarstellung des vorhandenen hiebsreifen Holzmassenvorrathes, als der entscheidendsten Grundlage für die Ertragsbestimmung und Aufstellung des Nutzungsplanes, nicht unterlassen werden. Dessen Feststellung muß hier allerdings für jeden Bestand (beziehungsweise für jede Abtheilung) stammweise erfolgen, und zwar wäre bei wertvolleren Oberhölzern des Mittelwaldes die Beurtheilung der Hiebsreife wirklich durch stammweise Erhebung des Wertszuwachsprocentes, im Plenterwald aber durch Feststellung jener Grundstärke, bei welcher im Durchschnitte, je nach Holzart und Standort, die finanziell ent= sprechendste Verwertung erreicht wird, vorzunehmen, und hätte demnach die Aufnahme aller Stämme, welche diese Grundstärke erreicht oder überschritten haben, stattzufinden.

Auch hier, und zwar sowohl im Plenter= als im Mittelwalde, wird es sich empfehlen, zwischen „entschieden“ und erst „angehend“ hiebsreifen Stämmen zu unterscheiden und deren Holzmassengehalt getrennt auszuweisen, um bei der Feststellung des Hiebssatzes eine Grundlage für die Beurtheilung zu haben, was mit Rücksicht auf die Hiebsreife unbedingt entnommen werden soll, und was gege= benenfalls entnommen werden kann.

Erst durch eine solche Grundlage, welche bisher wohl den meisten Einrichtungen, wenigstens solchen von Plenterwäldern, gefehlt hat, wird es möglich sein, auch diese beiden Betriebsformen, welche nothwendig zu einer stammweise geregelten oder „Baumwirtschaft“ gegenüber der „Bestandeswirtschaft“ des schlagweisen Betriebes sich ausbilden müssen, auf eine dem Grundprincipe der möglichst vor= theilhaften Benützung der vorhandenen Bestände entsprechende Basis zu stellen.

So große Bedeutung wir nun auch diesem Nachweise der hiebsreifen und zugleich auch hiebsfähigen Bestände oder Holz=

*) Wenn wir gleichwohl im weiteren dem Flächenverhältnisse der Alters= classen bei der Beurtheilung der Nachhaltigkeit einen gewissen Wert beimessen, so ist dies damit begründet, daß, wie oben erwähnt, für den Durchschnitt der annähernd normal erwachsenen Bestände die Hiebsreife mit der betreffenden Altersstufe nahe zusammenfallen wird.

massen als Grundlage des Nutzungsplanes beizulegen berechtigt sind, so dürfte sich die Einrichtung doch keinesfalls darauf beschränken, einfach diese Bestände oder Holzmassen für das nächste Jahrzehnt zum Hiebe anzusetzen, weil — abgesehen von der Unsicherheit dieses Ansatzes hinsichtlich der bezüglich ihrer Hiebsreife zweifelhaften Bestände — damit gar kein Anhaltspunkt gegeben wäre für die Beurtheilung der bei Einhaltung dieses Hiebssatzes sodann für die nächstfolgende Zeit aus den bis dahin hiebsreif werdenden Beständen zu erwartenden Erträge, und weil auch die von uns im allgemeinen als wünschenswert erkannte Herstellung eines wenigstens annähernd normalen Altersclassenverhältnisses ganz unberücksichtigt bleiben würde.

Für das Letztere ist die der festgesetzten Umtriebszeit ent=sprechende normale Periodennutzungsfläche maßgebend, und diese soll daher, wenn sie auch bei freierer Wirtschaft und bei wesentlich abnormen Bestandesverhältnissen keineswegs strenge einzuhalten sein wird, doch immer als die zweite Hauptgrundlage bei der Auf=stellung und Motivierung des Nutzungsplanes Berücksichtigung finden, weil damit wenigstens klargestellt wird, inwieweit die wirk=liche Nutzung hinsichtlich ihrer Flächengröße von der normalen abweicht.

Für die Beurtheilung, ob und inwieweit die späteren Zeit=perioden mit bis dahin voraussichtlich hiebsreifen Beständen gedeckt sein werden, gibt der Nachweis des gegenwärtigen Altersclassen=verhältnisses (die Altersclassentabelle) eine ganz genügende Aus=kunft; für die nächstliegenden Jahrzehnte jedoch soll durch die Ein=richtung, auch wenn eine Ausgleichung der Erträge nicht gefordert oder beabsichtigt wird, doch jedenfalls auch eine Übersicht der vor=aussichtlichen Erträge an Holzmassen geboten, und daher, wie schon oben ausgeführt wurde, die Aufstellung des Nutzungsplanes, sowie die Berechnung der Abtriebserträge zum mindesten auf das zweite, unter Umständen auch auf das dritte Jahrzehnt, oder selbst auf die ganze zweite Periode, erstreckt werden. Es ist dies umsomehr zu empfehlen, als gerade bei den Nutzungsflächen der ersten Decennien die größten Abweichungen in Bezug auf Hiebsalter und Be=standesgüte (bei Vorhandensein überalter oder mangelhafter Be=stände) vorzukommen pflegen, daher hier die Fläche keinen verläs=lichen Maßstab für die Beurtheilung der Holzmassenerträge bietet.

Speciell für das erste Jahrzehnt pflegt man mit Recht die mangelhaftesten Bestände zum ·Hiebe anzusetzen, während die besser bestockten für die spätere Nutzung belassen werden; es würde also bei strenger Einhaltung der normalen Nutzungsfläche für das erste Jahrzehnt dessen Ertrag gegen jenen der nächstfolgenden Jahrzehnte ganz unnöthig herabgedrückt werden.

Die Entscheidung darüber, wie weit man im gegebenen Falle mit der Nutzungsfläche des ersten Jahrzehnts über die normale Größe derselben hinausgehen dürfe, oder gegen dieselbe zurück= zubleiben habe, wird je nach der Sachlage und mit Berücksichtigung aller einflußnehmenden Verhältnisse zu treffen sein. Das Vor= handensein überhiebsreifer Bestände bei günstiger Absatzgelegenheit kann Veranlassung sein, nahezu auf das Doppelte der normalen Schlagfläche hinaufzugehen und dagegen die Abtriebsnutzungen des nächsten Zeitraumes entsprechend zu beschränken, in welchem Falle der Überschuß des Ertrages der ersten Zeit als Ersatz für den folgenden Ausfall an Rente zurückgelegt werden müßte, wenn eine annähernd gleiche Rente erzielt werden soll; umgekehrt wird es bei Mangel an hiebsreifen Beständen zumeist vortheilhaft sein, die Nutzung der nächsten Zeit vorwiegend auf Zwischennutzungen und Lichtungshiebe in den heranwachsenden Beständen zu beschränken und mit den Abtriebsnutzungen im Rahmen der normalen Schlag= fläche erst in einem späteren Zeitpunkte zu beginnen.

Es ist dabei zu beachten, daß die Einhaltung einer der nor= malen Größe des Decennalschlages nahekommenden Nutzungsfläche nicht eine Bestimmung für sich, sondern nur das Mittel zum Zwecke der Herstellung eines geordneten Altersclassenverhältnisses ist, mit welcher Herstellung im letzteren Falle nicht sofort, sondern erst nach Ablauf des für die Erreichung der Hiebsreife für die dermal ältesten Bestände erforderlichen Zeitraumes begonnen wird*), daß ferner zwischen je zwei unmittelbar aufeinander folgenden Alters= classen eine gegenseitige Ergänzung meist ohne wesentlichen Nach= theil zulässig sein wird.

Einflußnehmend auf jene Entscheidung wird vor allem der Umstand sein, ob nach den vorliegenden Rechts= und Besitzverhält= nissen und den Absichten des Waldbesitzers eine strengere Nachhal=

Auch in Frankreich läßt man bei der Einrichtung von Hochwaldungen mit ungenügendem Holzvorrathscapital der dort üblichen Theilung in Perioden= flächen für den ersten Umtrieb erst einen „Übergangszeitraum" von 20 bis 40 Jahren vorausgehen, innerhalb welchem ein beschränkter Ertrag aus Be= standes=reßen, Lichtungen, Auszugshieben und dergleichen bezogen wird. Vergleiche Puton, Die Forsteinrichtung, deutsch bearbeitet von Ernst Liebeneiner.

tigkeit der Erträge anzustreben ist oder nicht; ferner wird die größere oder geringere Dringlichkeit des Abtriebes vorhandener Altbestände, und zwar sowohl hinsichtlich ihres Wertzuwachses als auch mit Rücksicht auf deren angestrebten oder bereits vorhandenen natür= lichen Nachwuchs, dann das gegenwärtige Altersclassenverhältnis (letzteres insbesondere hinsichtlich der angehend haubaren Bestände und der jüngsten Altersclasse, sowie der noch unbestockten Flächen), endlich, und nicht zum mindesten, auch der Wert der zunächst und später zum Abtrieb gelangenden Bestände in Betracht zu ziehen sein. Die Flächenausdehnung, mit welcher die jüngste Altersclasse und Blößen vertreten sind, soll bei jener Entscheidung insoferne Beach= tung finden, als bei geringerer Flächengröße derselben die Nutzungs= fläche des ersten Jahrzehnts ohne Bedenken größer genommen und ein Theil derselben (im Sinne der sogenannten Doppeldispositionen des Flächenfachwerks) am Schlusse des ersten Umtriebes zur Er= gänzung jener Fläche herangezogen werden kann (was allerdings voraussetzt, daß die Umtriebszeit nicht bereits an der untersten Grenze der Hiebsreife gehalten sei), während umgekehrt bei größerer Ausdehnung der ganz oder nahezu unbestockten Flächen eine Be= schränkung der Abtriebsflächen einzutreten hätte, weil die ersteren mit den letzteren zusammen für den nächsten Umtrieb eine Alters= classe bilden. Die Fläche der vorhandenen Blößen ist daher auch für die Beurtheilung des künftigen Altersclassenverhältnisses nicht, wie dies meist geschieht, der Fläche der jüngsten, sondern jener der ältesten Bestandesclasse beizuzählen.

In den Hiebsplan des ersten Jahrzehnts werden nun inner= halb der Grenze der als zulässig erkannten Gesammtnutzungsfläche der Reihenfolge nach aufzunehmen sein:

1. Kleinere hiebsreife Bestände oder Bestandesreste in sonst jüngeren Abtheilungen (der Ausgleichung wegen), soweit selbe mit Rücksicht auf die Hiebsfolge und die Ausbringung auch hiebsfähig und nicht etwa als Schutz oder Reserve nöthig sind;

2. alle mangelhaften und schlechtwüchsigen Bestände, deren längeres Belassen einen wesentlichen Verlust an Zuwachs und Bodenrente bedeuten würde, um bessere und vollwüchsige Jung= bestände an ihre Stelle treten zu lassen;

3. die übrigen hiebsreifen Bestände nach Maßgabe des Grades der Hiebsbedürftigkeit einerseits und der geplanten Hiebsordnung anderseits;

4. jüngere Bestände, insoferne selbe der Hiebsfolge wegen
vor oder zugleich mit den Beständen ad 3 nothwendig zum Hiebe
gelangen müssen;

5. die zur Trennung der Hiebszüge oder für den Anhieb ein=
zelner Bestände erforderlichen Loshiebe.

Die Heranziehung der unter 1 und 2, sowie auch der unter
4 genannten Bestände zum Hiebe bedarf keiner weiteren Begründung.
Den größten Antheil der Gesammtnutzungsfläche werden immer die
unter 3 genannten hiebsreifen Bestände bilden. Bei deren Auswahl,
beziehungsweise Vertheilung zwischen dem ersten und dem nächsten
Jahrzehnt wird, wenn man anders eine bessere Bestandesordnung
herstellen will, die Berücksichtigung des Grades der Hiebsreife gegen
die Rücksicht auf die durch Bildung der Hiebszüge geplante Hiebs=
ordnung und auf eine angemessene Vertheilung der Nutzungsflächen
umsomehr zurücktreten müssen, je mehr die vorgefundene Bestandes=
lage von jener Ordnung abweicht; erst bei den späteren Revisionen,
wenn inzwischen durch die Anbahnung kleinerer Hiebszüge die er=
wünschte Beweglichkeit des Hiebes erreicht ist, wird das Weiser=
procent als Ausdruck der Hiebsreife auch bei der Aufstellung des
Nutzungsplanes volle Beachtung finden können.

Bei der Auswahl der Nutzungsflächen wäre nach dem, was
bereits bei Besprechung der Hiebszüge darüber gesagt wurde, darauf
Rücksicht zu nehmen, daß einerseits die Gesammtfällung jedes Jahres
je nach den Anforderungen des localen Absatzes oder mit Rücksicht
auf verschiedene Werts= und Bringungsverhältnisse der Bestände
über den ganzen Complex entsprechend vertheilt werden kann, und
anderseits auch die Möglichkeit des zeitweiligen Aussetzens mit dem
Hiebe in den einzelnen Hiebstouren gewahrt sei.

Es wird bei Betriebsclassen von größerer Flächenausdehnung
demnach zweckmäßig sein, dieselben nach Haupt=Terrainabschnitten,
Absatzlagen oder auch nach wesentlich verschiedenem Werte der zum
Hieb gelangenden Bestände zunächst in mehrere solche Gebiete
oder Blocks getheilt zu denken und die Nutzungsflächen, soweit dies
die dermaligen Bestandesverhältnisse zulassen, auf dieselben ent=
sprechend zu vertheilen. Weiters müßten in jedem solchen Blocke
mindestens vier bis fünf Anhiebe hergestellt werden, um mit dem
Hiebe innerhalb desselben in ebenso vielen kleinen Schlagtouren alter=
niren zu können.

Diese Vertheilung der Nutzungen sowohl des Jahrzehntes
als auch der einzelnen Jahre auf je mehrere Hiebsflächen von theils

günstigeren, theils ungünstigeren Bestandes=, Bringungs= und Ver=
wertungsverhältnissen, bietet auch den Vortheil, daß dadurch der
Wertsertrag, soweit dies überhaupt möglich ist, von selbst ausge=
glichen wird, und demnach die umständliche Reduction der Flächen
auf gleiche Ertragsfähigkeit an Holzmasse oder Geldwert ent=
fallen kann.

Loshiebe werden überall da einzulegen sein, wo es sich darum
handelt, einen Hiebszug oder einzelne Bestände für den späteren
Anhieb, beziehungsweise Abtrieb, freizustellen. Selbst angehend hau=
bare und haubare Bestände können bei allzugroßer Ausdehnung noch
durch Loshiebe in mehrere Hiebszüge untertheilt werden, wenn
dabei die Vorsicht beobachtet wird, diese Loshiebe an durch das
Terrain etwas geschützte oder durch örtliche Beimengung stand=
festerer Holzarten (z. B. der Tanne oder Buche in Fichtenbeständen)
widerstandsfähigere Orte zu verlegen.

Die Loshiebe sind in diesem letzteren Falle sogleich in größerer
Breite von etwa 20 bis 25 Meter (annähernd gleich der Bestan=
deshöhe) einzulegen.*)

In jüngeren Beständen wären die Loshiebe mit 8 bis 10 Meter
Breite aufzuhauen und später nach Bedarf zu verbreitern; in ganz jungen
Beständen kann die Einlegung der etwa nothwendig werdenden Los=
hiebe einem späteren Zeitpunkte, in welchem auch eine angemessene
Verwertung des anfallenden Materiales möglich sein wird, vorbe=
halten werden. Die Flächen solcher Loshiebe in jüngeren Beständen
wären, da dieselben nur einen geringen Massen= und Geldertrag
geben, nicht als Nutzungsflächen in Ansatz zu bringen, sondern,
ebenso wie der Aufhieb der Schneisen, als wirtschaftliche Noth=
wendigkeit zu betrachten.

Bei der Beurtheilung jener Stellen, an welchen' für den
späteren Anhieb eines Hiebszuges oder Abtrieb eines Bestandes die
vorherige Einlegung eines Loshiebes angezeigt erscheint, sowie bei
der Auswahl und Vertheilung der Nutzungsflächen überhaupt, leistet
uns die in der Bestandeskarte gegebene Übersicht der Bestandes=
lagerung sehr gute Dienste; die Herstellung der Bestandeskarte ist
daher nicht, wie von anderer Seite behauptet wurde, als eine
müßige Spielerei anzusehen.

---

*) So bilden in der in nachfolgender Figur 7 dargestellten Betriebsclasse
die Abtheilungen 89 bis 106 einen fast geschlossenen Complex von haubaren und
angehend haubaren Beständen, in welchen fünf Loshiebe zur Vorbereitung des
Anhiebes im zweiten Decennium eingelegt worden sind.

5

Sehr empfehlenswert scheint es mir, auch die Nutzungs=
flächen der nächsten Jahrzehnte, soweit sie im voraus projectiert
sind, im gleichen Maßstabe wie die Bestandeskarte in der in Figur 7
ersichtlichen Weise durch eine verschieden starke Tuschanlage der=
selben übersichtlich darzustellen, womit bei Benutzung einer litho=
graphierten Gerippkarte mit sehr geringem Zeitaufwande eine voll=
ständige Hiebsplankarte hergestellt ist. Auch die Culturaufgaben
können auf dieser Karte durch Anlage der ganz aufzuforstenden

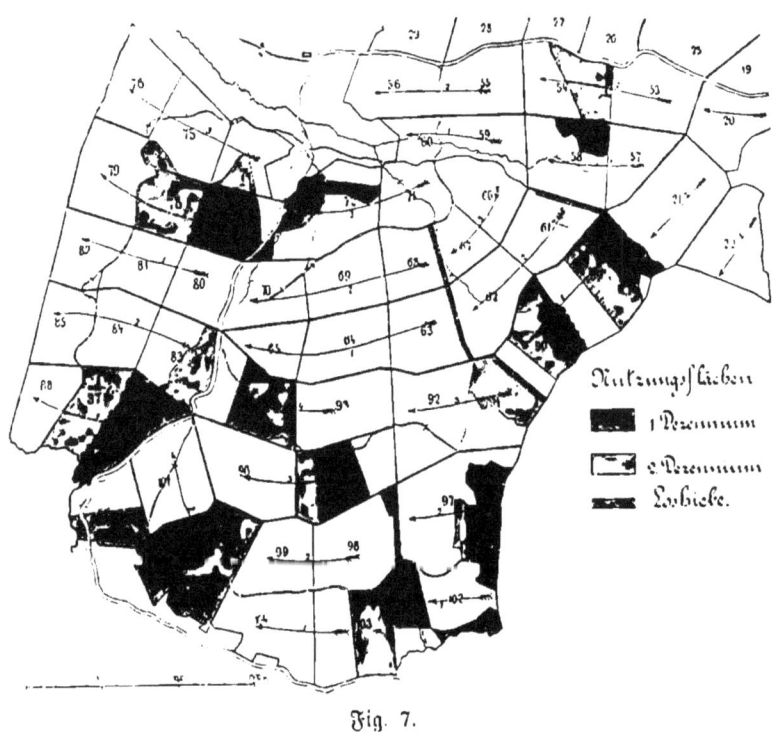

Fig. 7.

und der nachbesserungsbedürftigen Flächen mit stärkerem und schwäche=
rem, etwa grünem Farbenton ersichtlich gemacht werden.

Beim Femelschlagbetriebe und ähnlichen Betriebsformen sind
als eigentliche Nutzungsfläche nur jene Antheile der in den
Nutzungsplan aufgenommenen Bestandesflächen anzusetzen, welche
dem im betreffenden Jahrzehnte zu entnehmenden Theile ihres bei
Beginn der Abtriebsnutzung vorhandenen Holzvorrathes entsprechen.
Sollen also einem Bestande im ersten Jahrzehnt im Wege des
Besamungs= und ersten Lichtungshiebes zwei Drittel der Holzmasse

entnommen werden, so wären auch nur zwei Drittel seiner Fläche
als Nutzungsfläche einzusetzen.

Außer den Abtriebs= oder auch Verjüngungsschlägen und den
Loshieben werden im Nutzungsplane auch die theils in angehend
haubaren Beständen zur Hebung ihres Zuwachses, theils in älteren,
aber erst später zur Nutzung gelangenden Beständen als Vor=
nutzung der nicht mehr zuwachsfähigen Stämme einzulegenden
Lichtungshiebe mit ihrem voraussichtlichen Holzmassenertrage
unter den „Abtriebsnutzungen" aufzuführen sein, weil, wenn auch
mit dieser Nutzung noch nicht die alsbaldige Verjüngung des Be=
standes eingeleitet werden soll, dieselbe doch als ein Vorgriff in
den späteren Abtriebsertrag anzusehen ist; doch kann hier, da diese
Lichtungshiebe vorwiegend als eine Maßnahme der Zuwachspflege
zu betrachten sind, der Ansatz eines entsprechenden Flächenantheiles
als Nutzungsfläche entfallen, und wären daher in der Zusammen=
stellung des Hiebssatzes für das erste Jahrzehnt die Flächen der
Abtriebs= oder Verjüngungsschläge, dann jene der Loshiebe und
jene der Lichtungshiebe (letztere mit der vollen Fläche der be=
treffenden Bestände) getrennt auszuweisen.

Nachdem die Zuwachspflege eines der Hauptziele unserer
heutigen Betriebseinrichtung bildet, so soll auch bei der Aufstellung
des Nutzungsplanes allen hierauf abzielenden Zwischennutzungen,
also den Durchforstungen und Läuterungshieben, eine besondere Auf=
merksamkeit zugewendet werden. Die Grundlage für die Auswahl
und Zusammenstellung der betreffenden Bestandesflächen bilden, wie
schon oben hervorgehoben wurde, die bei der Aufnahme der Be=
standesbeschreibung im Taxationsmanuale an Ort und Stelle
notierten Bemerkungen über die für jeden einzelnen Bestand in der
nächsten Zeit zu treffenden wirtschaftlichen Maßnahmen. Eine Be=
schränkung dieser Zwischennutzungen zum Zwecke einer Ertragsaus=
gleichung wäre umsoweniger berechtigt, als es bei denselben, wenn
sie den Hauptzweck, die Zuwachspflege, erfüllen sollen, hauptsächlich
auf rechtzeitige Ausführung ankommt; die Übertragung eines Theiles
der im ersten Jahrzehnt zulässigen Durchforstungen auf das nächst=
folgende Jahrzehnt könnte daher nur in dem Falle in Betracht
kommen, als bei großer Ausdehnung der betreffenden Bestandes=
flächen die verfügbaren Arbeitskräfte zu deren vollständiger Aus=
führung voraussichtlich nicht zureichen würden.

Obwohl für die Reihenfolge, in welcher die Durchforstungen
vorzunehmen sind, zunächst die Dringlichkeit des Aushiebes ent=

5*

scheidend sein muß, so wird es sich doch empfehlen, dabei, soweit dies mit letzterer Rücksicht vereinbarlich ist, auch bereits im Sinne der künftig einzuhaltenden Hiebsfolge vorzugehen.

Eine detaillierte Vorschreibung der Zwischennutzungen wird in der Regel auf die eigentlichen Durchforstungen, und zwar mit An= gabe der vollen Bestandesflächen und der zu entnehmenden verwert= baren Holzmasse, unter Beifügung von Anmerkungen über den zweck= mäßigen Zeitpunkt und Grad der Ausführung, zu beschränken sein; für die Läuterungshiebe genügt die Anführung der betreffenden Be= stände (Unterabtheilungen), insbesondere dann, wenn von denselben ein nennenswerter Reinertrag nicht zu erwarten ist.

Der vorläufige Nutzungsplan für das zweite Jahrzehnt oder auch noch für ein oder zwei weitere Decennien kann sich auf eine bloße Zusammenstellung der in denselben zur Nutzung gelangenden Bestände mit Angabe der Fläche, des Nutzungsalters und des voraus= sichtlichen Holzmassenertrages — mit Hinzurechnung des summarisch veranschlagten Ertrages der Lichtungshiebe, eventuell auch der Zwischennutzungen zu letzterem — beschränken. Ergibt diese Zu= sammenstellung einen bedeutenden Überschuß oder Ausfall an Ertrag gegenüber jenem des ersten Jahrzehnts, so kann immerhin eine an= nähernde Ausgleichung durch Verschiebung einzelner Nutzungen — soweit Hiebsreife und Hiebsfolge dies gestatten — in Betracht ge= zogen und erforderlichenfalls vorgenommen werden.

Für die Beurtheilung der Gelderträge wird es zumeist er= wünscht sein, aus dem Nutzungsplan auch annähernd den zu er= wartenden Anfall von Hauptsortimenten (z. B. Nutzholz, Scheitholz, Reisig, Stockholz) und dem danach mit den gegenwärtigen Preisen sich berechnenden Geldwert sämmtlicher Nutzungen entnehmen zu können, für welchen Zweck dem Nutzungsplan etwa nebenstehende Form*) gegeben werden kann.

Wo bei stark differierenden Bestandeswerten ein Nachweis der Nachhaltigkeit nicht bloß des Massen=, sondern auch des Geld= ertrages erwünscht ist (in Fideicommißforsten zum Beispiel), wäre diese Bewertung der Erträge auch auf die nächsten Jahrzehnte aus= zudehnen.

Erscheinungsbezeichnung	Gegenwärtige Bestandesform	Bestand des Alter (Jahre)	Fläche des Bestandes		Hiebsart	Geschätzter Holzmassenertrag pro Hektar im ganzen (Festmeter)	Ertrag nach Sortimenten								Geldwert pro Festmeter				im ganzen (Gulden)	Anordnungen bezüglich der Nutzung und Wiederverjüngung
			im ganzen	zur Räumung bestimmt (Hektar)			Nutzholz		Scheitholz		Reisig		Stockholz		Nutzholz	Scheitholz	Brennig	Stockholz		
							%	fm	%	fm	%	fm	%	fm						

Für Plenterwälber und das Oberholz des Mittelwaldes wird der Nutzungsplan nach analogen Gesichtspunkten, wie selbe im Vorstehenden für den schlagweisen Hochwald= und Niederwaldbetrieb aufgestellt wurden, zu entwerfen sein. Auch hier bildet die Nach=weisung des vorhandenen Vorrathes an hiebsreifen Stämmen eine maßgebende, aber für sich allein noch nicht ausreichende Grundlage für die Beurtheilung der für die nächste Zeit anzusetzenden Nutzungen nach deren Größe und räumlichen Vertheilung. Neben der Hiebs=reife kommen aber hier waldbauliche Rücksichten — im Mittelwalde insbesondere die richtige Vertheilung der einzelnen Altersclassen des Oberholzes und die Einhaltung der zulässigen Schirmfläche, im Plenterwalde die Rücksicht auf den Schutz des Bodens und des jüngsten Anwuchses einerseits und auf Freistellung von zu stark überschirmtem Jungwuchse andererseits — im Plenterwalde des Hochgebirges aber auch die Möglichkeit einer lohnenden Ausbringung sehr wesentlich in Betracht; dagegen kann sich hier der Hieb in Bezug auf die Hiebsfolge viel freier bewegen als im gleichalterigen Hochwalde, und können hier die oft bedeutenden Opfer, die dort dieser Rücksicht gebracht werden müssen, fast gänzlich entfallen.

Immerhin wird man auch im Plenter= und Mittelwalde eine gewisse Ordnung und Reihenfolge des Hiebes herzustellen bestrebt sein, welche bei letzterem durch die Abtriebsreihenfolge des Unter=holzes gegeben ist, im ersteren aber auf Grundlage der räumlichen Eintheilung in ähnlicher Weise zu entwerfen sein wird, wie dies für die Hiebsfolge im schlagweisen Betriebe erfolgt. Im Gegen=satze zu der vielfach herrschenden Anschauung, daß der räumlichen Eintheilung im Plenterwalde eine geringere Bedeutung zukomme, möchte ich geltend machen, daß dieselbe gerade hier für die Betriebs=regelung unentbehrlich ist, weil im Plenterwalde die Trennung nach einzelnen Altersstufen und damit auch die scharfe, natürliche Ab=grenzung in kleinere „Bestände" ganz fehlt oder doch nahezu ver=schwindet, und daher für die Bezeichnung und Orientierung, sowie für alle wirtschaftlichen Dispositionen meist die Abtheilung an Stelle des Bestandes treten muß.

Ausgedehntere Plenterwald=Betriebsclassen werden gleichfalls durch Zusammenfassen je mehrerer Abtheilungen in kleinere Blocks oder Betriebsverbände zu theilen sein, in welchen der Hieb inner=halb der festgesetzten Umlaufszeit sich zu bewegen hat, um die jähr=liche Fällung auf mehrere Orte zu vertheilen; die Bildung kleinerer Hiebszüge innerhalb dieser Verbände und die abwechselnde Führung des Hiebes in diesen kann jedoch entfallen, weil hier nicht, wie im Kahlschlagbetriebe, auf die Schlagruhe und Beschränkung der Schlag= flächen Rücksicht zu nehmen ist.

Die Umlaufszeit kann im Plenterwalde ebenso als Regulator der jährlichen oder der Decennal=Hiebsflächen genommen werden, wie die Umtriebszeit im schlagweisen Betriebe; es wird sich daher auch beim Plenterbetriebe immer empfehlen, die Gesammtfläche der für ein Jahrzehnt zur Nutzung beantragten Bestände mit der Größe der normalen Hiebsfläche zu vergleichen.

Von einer strengen Einhaltung der letzteren könnte aber hier, insbesondere bei noch ungeregelten Bestandesverhältnissen, umso= weniger die Rede sein, als die Fläche allein im Plenterwalde noch keinen Maßstab für die Größe der Nutzung und somit auch keine Garantie für die Nachhaltigkeit der letzteren bildet. Für den Plenter= wald wird also, wenn eine mehr oder weniger strenge Nachhaltig= keit der Nutzungen angestrebt und nachgewiesen werden soll, nebst der Fläche noch ein weiterer, aus dem Zuwachs und dem gegebenen Materialcapital abgeleiteter Regulator des Hiebssatzes nothwendig sein, worüber im folgenden Abschnitte näheres ausgeführt werden soll. Die Höhe der Umlaufszeit selbst wird sich in ziemlich engen Grenzen bewegen, sie darf bei Plenterwäldern von größerer Aus= dehnung nicht zu kurz sein, um die jährliche Fällung nicht auf zu große Flächen zu erstrecken, andererseits nicht zu lang, da sonst die zu grobe Abstufung der Altersclassen und der zu große Flächen= antheil des jedesmaligen Aushiebes dem Charakter des Plenter= waldes zuwider sein würde.

Es sollen im Sinne des letzteren doch mindestens vier bis fünf Altersstufen in jedem Bestande ausgeprägt sein, daher die Umlaufs= zeit nicht mehr als ein Fünftel oder höchstens ein Viertel jenes Alters betragen, in welchem die Stämme der ältesten Classe durch= schnittlich ihre Hiebsreife erreichen.*)

---

*) Es wird dieses Alter vielfach auch als die „Umtriebszeit" des Plenter= waldes bezeichnet; meines Erachtens kann jedoch der Begriff Umtriebszeit oder Turnus, als der Zeit, in welcher der Hieb die Bestände einer Betriebsclasse durchlaufen muß, um dann auf den ersten Hiebsflächen wieder haubare Bestände vorzufinden, nur bei den schlagweisen Betriebsformen Anwendung finden. Im Plenterwald gibt es neben der Umlaufszeit, die eigentlich hier den Turnus der Hiebsführung bildet, nur ein durchschnittliches Haubarkeitsalter der ältesten Stammclasse, nach welchem der Betrieb eingerichtet und die dem Normalbilde dieser Betriebsart entsprechende Altersclassenabstufung in den einzelnen Ab= theilungen oder Beständen angestrebt wird.

Es wird demnach die Umlaufszeit für solche ausgedehntere Plenterwälder zumeist 20 bis 25, höchstens 30 Jahre (letzteres nur bei hohem Nutzungsalter) betragen, und nur bei kleinen Be= triebsclassen mit durchschnittlich niederem Abtriebsalter wird man auf 10 Jahre herabgehen können.

Im Mittelwalde bildet die Umtriebszeit des Unterholzes zugleich die Umlaufszeit für die Nutzung im Oberholze.

In den Nutzungsplan für das nächste Jahrzehnt ist sowohl im Plenter= als im Mittelwalde bei längerer Umlaufszeit zunächst der Aushieb der hiebsbedürftigsten Stämme aus jenen Abtheilungen (und zwar ohne Ansatz einer Nutzungsfläche) anzusetzen, die im Sinne der Hiebsfolge erst gegen Ende dieser Umlaufszeit zum Hiebe gelangen sollen, um größeren Zuwachsverlust an denselben zu vermeiden; dann erst folgen jene Abtheilungen oder Bestände, welche nach ihren Bestandesverhältnissen und mit Rücksicht auf die Hiebsordnung dem Jahrzehnt zur Nutzung der gesammten ältesten Stammclasse zuzuweisen sind, mit Ansatz ihrer vollen Fläche und ihres in der Bestandesbeschreibung ausgewiesenen hiebsreifen Holz= vorrathes nach Maßgabe des festgestellten Hiebssatzes beim Plenter= walde, beziehungsweise der zur Nutzung des Unterholzes bestimmten Schläge des Mittelwaldes. Hiezu kommt noch — analog den Zwischennutzungen des schlagweisen Betriebes und daher auch ohne Beschränkung auf einen bestimmten Hiebssatz — der Aushieb aus zu dichten Bestandespartien jüngerer Altersstufen beim Plenter= walde, beziehungsweise von solchen Stämmen der jüngeren Ober= holzclassen, welche wegen zu dichten Standes (zu starker Be= schirmung) oder, weil sie eine günstige Entwicklung für wert= volleres Nutzholz nicht erwarten lassen, entfernt werden sollen, im Mittelwalde.

In beiden Fällen ist daher bei der Bestandesaufnahme den Notizen über Stellung und Vertheilung der Stammclassen, über nothwendige Aushiebe oder Lichtungen und Freistellungen, sowie auch über erforderliche künstliche Nachhilfe in der Verjüngung u. s. w. ein besonderes Augenmerk zuzuwenden.

Eine Ausdehnung des Nutzungsplanes auf ein oder mehrere weitere Jahrzehnte kann hier, da die Größe des bis dahin erfor= derlichen Aushiebes nicht im voraus beurtheilt werden kann, füglich unterbleiben.

Der Hiebsſatz.

Die im Vorſtehenden dargelegte Methode der Forſteinrichtung für ſchlagweiſen Betrieb im Sinne der Beſtandeswirtſchaft hat mit den Fachwerksmethoden, insbeſondere jenen des Flächen- und des combinierten Fachwerkes, die Charakteriſtik gemeinſam, daß der Hiebsſatz aus dem Nutzungsplane hervorgeht und nicht dieſer letztere ſich an die Größe eines im voraus fixierten Hiebsſatzes zu halten hat, wie dies bei den Ertragsregelnungen nach den Normalvorraths- methoden der Fall iſt; mit dem Unterſchiede jedoch, daß für die Aufſtellung des Nutzungsplanes bei den genannten Fachwerks- methoden die Sicherung der ſtrengen Nachhaltigkeit, die Herſtellung eines normalen Altersclaſſenverhältniſſes, eventuell auch einer idealen Hiebsfolgeordnung, bei unſerer Methode jedoch die Größe der vor- handenen hiebsreifen und zugleich hiebsfähigen Beſtände nebſt der Anbahnung einer in kleinen Hiebszügen ſich bewegenden Beſtandes- ordnung in erſter Linie maßgebend iſt.

Es iſt aber vielfach üblich, auch bei Einrichtungen, welche im weſentlichen im Sinne eines Fachwerkes oder der Beſtandeswirtſchaft aufgeſtellt ſind, nebſtbei noch eine Berechnung des Hiebsſatzes, ſei es nach der Cameraltaxe, oder nach Karl Heyers Methode, oder nach Hundeshagens Nutzungsprocent, oder auch nach allen dieſen Methoden nebeneinander vorzunehmen, um damit gleichſam einen weiteren Beleg für die Zuläſſigkeit des aus dem Nutzungsplane hervorgehenden Hiebsſatzes zu geben.

Es erſcheint mir dies als nichts anderes, als eine nachhinkende Conceſſion an einen veralteten Standpunkt der Betriebseinrichtung, und ich möchte auch hier ſagen, dieſe nebenbei laufende Ertrags- berechnung iſt entbehrlich und überflüſſig, wo man ihrem Ergebniſſe keine Rückwirkung auf den bereits aufgeſtellten Nutzungsplan ein- räumt, oder wo, wie dies auch zuweilen geſchieht, der Einrichter die Factoren der Ertragsberechnung ſo lange wendet und modificiert, bis die gewünſchte Übereinſtimmung beider Grundlagen erreicht iſt, — ſie iſt aber entſchieden nachtheilig und unberechtigt, wenn ein den gegebenen Verhältniſſen vollſtändig angepaßter Nutzungsplan dem berechneten Hiebsſatze zuliebe wieder abgeändert wird; unberechtigt deshalb, weil hier das beſſer Motivierte, das iſt der mit Beachtung aller Verhältniſſe aufgeſtellte Nutzungsplan, durch einen viel geringer motivierten Factor, dies iſt der nach irgend einer Formel berechnete Hiebsſatz, controliert und beeinfluſßt wird. Abgeſehen davon, daß

die aus der Bestandesbeschreibung entnommenen Ziffern des Ge=
sammtzuwachses und des wirklichen Holzmassenvorrathes, sowie auch
jene des nach irgend einer Ertragstafel berechneten Normalvorrathes
keineswegs über allen Zweifel erhaben sind, können wir der bloß
summarischen Größe des gegenwärtigen Gesammtholzvorrathes für
die Beurtheilung des für das nächste Jahrzehnt zweckmäßigerweise
anzusetzenden Hiebsatzes sehr wenig Wert beimessen, weil darin gar
nicht zum Ausdruck kommt, aus welchen Einzelgrößen in Bezug auf
Alter und Hiebsreise sich diese Summe zusammensetzt. Dieselbe läßt
nicht erkennen, ob und in welchem Grade bei einem vorhandenen
Vorrathsüberschusse derselbe aus hiebsreifen Beständen besteht, und
andererseits ist es nicht ausgeschlossen, daß bei einem Vorrathsmangel
doch überhiebsreife Bestände in größerer Ausdehnung vorhanden sind,
daher ein Ertragsausfall vernünftigerweise erst nach Aufnutzung
dieser letzteren einzutreten hätte.

Die Altersclassentabelle bringt diese Verhältnisse dagegen ziemlich
klar zum Ausdruck, und wir legen daher auch derselben als einer der
Grundlagen des Nutzungsplanes mehr Wert bei, als dem Vergleiche
des wirklichen und normalen Holzmassenvorrathes.

Für die Einrichtung von Forsten, deren Verwaltung nicht an
den Nachweis strengerer Nachhaltigkeit gebunden ist, sind daher alle
die Ansätze über wirklichen und normalen Vorrath, über den lau=
fenden, durchschnittlichen und normalen Zuwachs der einzelnen
Betriebsclassen entbehrlich; der durchschnittlich jährliche Hiebsatz
ergibt sich aus der Summierung und Zusammenstellung aller für
das erste Jahrzehnt beantragten Nutzungen, getrennt nach Abtriebs=
und Zwischennutzung, und wäre dabei, soferne die Holzmassen= und
Ertragsansätze in der Bestandesbeschreibung und im Nutzungsplan
die gesammte am Stocke stehende Holzmasse inclusive Rinde umfassen,
noch ein, je nach den localen Verhältnissen zu bestimmender Procent=
satz an Ausarbeitungs= und Rinden= (eventuell auch Bringungs=)
Verlust in Abzug zu bringen, um die Größe der wirklich verwert=
baren Holzmasse zu erhalten. Für die Beurtheilung der Nachhaltig=
keit genügt in diesem Falle der aus dem vorläufigen Nutzungsplane
für die nächstfolgenden Decennien sich ergebende Hiebsatz derselben
und der summarische Nachweis der für die weiteren Decennien des
ersten Umtriebes verbleibenden Nutzungsflächen.

Aber auch da, wo die Nachhaltigkeit der Waldrente strenger
zu wahren ist, kann es bei dermal abnormen Bestandesverhältnissen
sich nicht darum handeln, den Hiebsatz der nächsten Zeit strenge

im Sinne dieser Rente zu regeln, als vielmehr darum, nach einem geeigneten Anhaltspunkte festzustellen, ob und mit welchem Betrage der aus dem Nutzungsplan sich ergebende Hiebssatz den eigentlich nachhaltigen Ertrag übersteigt oder dagegen zurückbleibt, und danach auch im ersteren Falle zu entscheiden, wieviel von diesem höheren Ertrage eigentlich als nachhaltige Rente anzusehen und welcher Antheil dagegen als Entnahme vom anfänglich vorhandenen Wald=capital oder als Vorgriff in die künftige Rente in Rechnung zu stellen sei, welche Scheidung insbesondere bei Fideicommißforsten stets strenge durchgeführt werden sollte.

Als nachhaltige, d. h. dauernde Rente kann aber nur diejenige angesehen werden, welche dem Normalstande für die der Einrichtung zugrunde gelegte Umtriebszeit entspricht und welche — im Sinne des bloßen Materialertrages ausgedrückt — durch die Größe des jener Umtriebszeit entsprechenden künftigen Durchschnittszuwachses für die Gesammtfläche des betreffenden Forstes gegeben ist. Es wird sich also empfehlen, diese Größe des künftigen Gesammtzuwachses (und zugleich nachhaltigen Holzmassenertrages), welche aus der auf eine bestimmte Standortsbonität reducierten Gesammtfläche und deren normalen Haubarkeits=Durchschnittszuwachs pro Hektar, mit Berück=sichtigung der unvermeidlichen Unvollkommenheit des wirklichen gegen den normalen Zuwachs, leicht zu beziffern ist, als Vergleichsgröße gegenüber dem Hiebssatze des nächsten Jahrzehnts im obigen Sinne zu nehmen.

Damit dürfte die Grundlage für eine Ausgleichung der Renten und für die rechnungsmäßige Ausscheidung des Capitalantheiles aus einem die nachhaltige Rente überschreitenden Ertrage in ein=fachster und auch dem Grundgedanken der Nachhaltigkeitsforderung entsprechender Weise gegeben sein.

Die Entscheidung darüber, ob ein aus dem Hiebssatz für das nächste Jahrzehnt sich ergebender Ertragsüberschuß über den Nachhaltsertrag im obigen Sinne als Capitalentnahme oder als Rentenvorgriff anzusehen sei, ist nach Vergleichung der gegenwärtigen Bestandesverhältnisse nach Alter und Bestandesgüte mit den nor=malen für den angenommenen Umtrieb und nach Beurtheilung der voraussichtlichen späteren Erträge während des ersten Umtriebes, insbesondere aber jener der nächsten Decennien, zu treffen. Selbst der strengsten Nachhaltigkeitsforderung ist vollständig genügt, wenn das der angenommenen Umtriebszeit entsprechende Holzvorraths=capital erhalten, beziehungsweise (durch die Ordnung der Alters=

classen) hergestellt wird und dabei der Ertrag in keinem Zeitpunkt wesentlich unter die Größe des künftigen Normalertrages herabsinkt, oder wenn, im Falle eines anfänglich zu geringen Vorrathscapitals, dieser letztere allmälig erreicht wird. Ist nach dem für die nächsten Jahrzehnte aufgestellten Nutzungsplane und dem Stande der Alters-classen bei anfänglichem Ertragsüberschuß für einen späteren Zeit-punkt ein wesentlicher Ertragsausfall zu gewärtigen, so kann dieser Überschuß verzinslich angelegt werden und dann als Deckung jenes Rentenausfalles dienen; in jedem anderen Falle ist ein solcher Er-tragsüberschuß als Capitalentnahme zu betrachten, und wäre als solche und nicht als Ertrag zu verrechnen, beziehungsweise, wenn das anfängliche Waldcapital nicht vermindert werden soll, in einer dieser Bedingung entsprechenden Weise (auf Meliorationen, Straßen-bauten, Arrondierung u. dgl.) zu verwenden.

Selbstverständlich kann ebenso, wenn die Bestandes- und Ab-satzverhältnisse eine Beschränkung des Hiebssatzes für die nächste Zeit zweckmäßig erscheinen lassen und dagegen später ein Ertrags-überschuß zu erwarten ist, eine Belastung des letzteren zu Gunsten der Rentenausgleichung für die nächste Zeit im Wege einer ent-sprechenden finanziellen Operation eintreten.

Daß im Plenterwalde, insbesondere solange derselbe noch nicht im Sinne des normalen Hiebsumlaufes geregelt ist, die Größe der Nutzungsfläche für die Beurtheilung der Nachhaltigkeit und zur Regelung des Hiebssatzes nicht ausreiche, und daß demnach hier ein weiterer Regulator selbst dann, wenn eine strenge Nachhaltigkeit des Material- oder Geldertrages nicht gefordert wird, nothwendig oder wenigstens wünschenswert sei, haben wir schon im vorigen Abschnitte constatiert. Trotzdem möchte ich mich auch hier gegen die Anwendung einer Ertragsberechnung nach einer der bekannten Formeln aus-sprechen, nicht nur, weil hier eine genaue Feststellung der Größen des Zuwachses, sowie des wirklichen und des normalen Holzmassen-vorrathes, noch weniger als beim schlagweisen Betriebe möglich ist, sondern hauptsächlich, weil alle jene Verhältnisse, welche bei der Aufstellung des Nutzungsplanes und des daraus abzuleitenden Hiebs-satzes Berücksichtigung finden sollen — wie die Größe des hiebs-reifen Vorrathes, die Absatzverhältnisse, die Absichten und Verhält-nisse des Waldbesitzers, die Wahrnehmung waldbaulicher Rücksichten bezüglich der Verjüngung, Freistellung &c. in einer solchen ein-fachen Formel unmöglich entsprechenden Ausdruck finden können, und weil der Plenterwald, wenn er — was wir für das wichtigste

Ziel seiner Einrichtung ansehen — möglichst bald in eine entsprechende Altersclassen= und Hiebsordnung, sowie in einen möglichst hohen Wertzuwachs gebracht werden soll, die Fessel eines aus der Formel berechneten Hiebssatzes ebensowenig verträgt, als dies beim Mittel= walde hinsichtlich der Nutzung und Regelung des Oberholzes der Fall ist. Als Anhalts= und Vergleichsgröße wird sich auch hier die Größe des gesammten Durchschnittszuwachses empfehlen, welche, wenn auch anfangs nur mehr schätzungsweise erhoben, doch mit jeder folgenden Revision immer sicherer festzustellen sein wird.*)

Um auch hier, wie in den schlagweise bewirtschafteten Betriebs= classen, eine Übersicht des wirklichen Altersclassenverhältnisses zu erhalten, könnte man — wie dies auch schon bisher vielfach üblich ist — den Flächenantheil der einzelnen Altersstufen in jedem Be= stande anschätzen und danach, ebenso wie dort, eine Altersclassen= tabelle aufstellen; es ist jedoch zu berücksichtigen, daß diese An= schätzung der Altersstufen für sich und ihrer Flächenantheile sehr von der individuellen Auffassung des betreffenden Taxators ab= hängig und umso schwieriger ist, je mehr die einzelnen Altersstufen untereinander gemengt vorkommen, daß ferner die Annahme, als hätte im normalen Plenterwalde ebenso wie im schlagweisen Betriebe jede Altersclasse eine gleich große Fläche einzunehmen, eine will= kürliche und den thatsächlichen Verhältnissen des Plenterwaldes nicht entsprechende ist.

Es ist daher mit Recht wiederholt der Vorschlag gemacht worden, im Plenterwalde anstatt der niemals genau zu fixierenden Altersclassen vielmehr die Stärkeclassen (etwa von 10 zu 10 cm), welche durch Auskluppierung der ganzen Bestände oder von Probe= streifen derselben mit der erwünschten Genauigkeit erhoben werden können, als Grundlage des Vergleiches zwischen dem wirklichen und dem normalen Stande zu nehmen.

Es erscheint dies auch deshalb berechtigt, weil wegen der sehr verschiedenen Dauer der Jugendentwicklung der einzelnen Stämme des Plenterwaldes in diesem schon bisher zumeist die Erreichung

---

*) Auch die Instruction für die Betriebseinrichtung der österreichischen Staats= und Fondsforste schreibt den Vergleich des Hiebssatzes im Plenter= walde mit im Walde selbst erhobenen Nutzungs= (Zuwachs=) Procenten, also dem laufenden Zuwachs der betreffenden Bestände, vor, dessen Größe hier, weil in jedem Bestande alle Altersclassen vertreten sind, mit jener des durchschnittlichen Zuwachses gleich ist.

einer bestimmten Grundstärke und nicht ein bestimmtes Alter als
Maßstab für die Beurtheilung der Hiebsreise genommen wird.
Allerdings müßte durch Erhebungen in normal behandelten Plenter=
wäldern erst das dem Normalstande entsprechende Verhältniß der
einzelnen Stärkeclassen nach Stammzahl oder nach Antheil an der
Gesammt=Stammgrundfläche festgestellt werden.

Eine solche Aufnahme der Bestände nach Stärkeclassen könnte
auch dazu dienen, um nach Erhebung der durchschnittlichen Höhe und
Formzahl der einzelnen Classen auch den gesammten Materialvor=
rath wenigstens approximativ bestimmen und mit dem normalen
Vorrathe vergleichen zu können, welcher letztere Vorrath jedoch nicht
nach den Ertragstafeln für Bestände des schlagweisen Betriebes,
sondern — insolange wir nicht durch eingehendere Studien im Plenter=
walde verläßlichere Grundlagen besitzen — einfacher und voraus=
sichtlich richtiger nach der Formel $V_n = Z \frac{u}{2}$ (worin Z den Durch=
schnittszuwachs und u das durchschnittlich angenommene Hiebsalter
der ältesten Stammclasse bedeutet) zu berechnen wäre.

Eine solche Gegenüberstellung des wirklichen und normalen
Vorrathes kann neben dem Nachweise der vorhandenen hiebsreisen Holz=
masse immerhin als Anhalt dienen für die Beurtheilung, ob und inwie=
weit der Hiebssatz gegen die Größe des durchschnittlichen Holzmassen=
zuwachses zu erhöhen oder herabzumindern sein wird; doch wäre auch
hier die Constatierung des wirklichen Altersclassen=, beziehungsweise
Stärkeclassenverhältnisses, weil dieselbe uns in die thatsächlichen
Bestandesverhältnisse mehr Einblick gewährt, gegen diesen summa=
rischen Vergleich vorzuziehen.

Im Mittelwalde wäre der Hiebssatz für das Unterholz, ebenso
wie im Niederwalde, nach der Fläche zu bestimmen, wobei durch die
entsprechende Vertheilung der jährlichen Nutzung auf mehrere Hiebs=
flächen auch eine Ausgleichung des Ertrages in ausreichendem Maße
gesichert werden kann. Für das Oberholz kann der Nachweis, ob der
zunächst nach finanziellen und waldbaulichen Rücksichten festgestellte
Nutzungsplan und Hiebssatz der Nachhaltigkeit entspricht, oder etwa
mit Rücksicht auf diese zu modificiren sei, in gleicher Weise geführt
werden, wie dies eben für den Plenterwald ausgeführt wurde; nur
können hier die je nach den einzelnen Abtriebsperioden des Unter=
holzes zumeist scharf ausgeprägten Altersclassen des Oberholzes bei=
behalten werden und ist deren Verhältniß nicht nach der Fläche ihres

Standraumes, sondern nach der den einzelnen Altersstufen zukom-
menden Stammzahl festzustellen.

Bei der Darstellung des Normalstandes für das Oberholz des Mittelwaldes darf keineswegs a priori von der Annahme eines gleichen Flächen- oder
Standraumes für die einzelnen Altersstufen ausgegangen werden. Die Ent-
wickelungsverhältnisse der Stämme dieses Oberholzes sind wesentlich andere als
jene der Stämme eines gleichalterigen geschlossenen Bestandes; der die Entwickelung der letzteren charakterisierende Kampf ums Dasein zwischen annähernd
gleichwertigen Individuen fällt dort bei dem freien Stande und der damit gegebenen unbehinderten Entwickelung jedes Einzelstammes gänzlich hinweg, und es
würde, wenn wir von dem Ausscheiden einzelner Stämme der jüngeren Ober-
holzclassen infolge von Beschädigungen oder Krankheiten, ungeeignetem Wuchse
u. dgl. absehen, genügen, für die erste Altersstufe nur ebensoviele Laßreidel über-
zuhalten, als in der ältesten Stufe an haubaren Stämmen vorhanden sein sollen.
Man wird jedoch auch hier stets mit einer, wenn auch geringen, Stammzahl-
verminderung zu rechnen haben, und wird insbesondere für die erste Altersstufe
stets eine größere Zahl von Stämmen, als strenge nothwendig, belassen, um
beim nächsten Abtrieb des Unterholzes den Stand des bleibenden Oberholzes
entsprechend regulieren und ungeeignete Stämme entfernen zu können. Immerhin
wird aber hier die Zahl der jüngsten Altersclasse höchstens das Zwei- bis Drei-
fache von jener der ältesten betragen, wogegen im gleichalterigen Hochwalde
dieses Verhältniß etwa wie 10:1 ist, und es wird demnach im Mittelwalde der
ältesten Stammclasse stets ein bedeutend größerer Antheil an der Gesammt-
schirmfläche zukommen, als der jüngsten.

Theoretisch können wir uns den Normalstand des Oberholzes wohl am
besten in folgender Weise vergegenwärtigen:

Bezeichnen wir mit S die pro Hektar zulässige Beschirmungsfläche des
Oberholzes, welche bekanntlich nur einen Bruchtheil der wirklichen Fläche betragen
und dabei umso größer sein darf, je besser der Boden, je wärmer das Klima
(beziehungsweise je sonniger die Lage), je höher angesetzt und je lockerer die
Kronen des Oberholzes und je weniger lichtbedürftig die Holzarten des Unterholzes sind, ferner mit s_1, s_2, s_3... die an Mittelstämmen des ältesten (njährigen)
Schlages erhobenen durchschnittlichen Schirmflächen der Stämme der einzelnen
Altersstufen, mit r_1, r_2, r_3... den durchschnittlichen Cubikinhalt dieser Mittel-
stämme und mit s_0, beziehungsweise v_0 die Schirmfläche und den Cubikinhalt der
aus dem Unterholz (im 1jährigen Schlage) in das Oberholz übertretenden Laßreidel, ferner mit n_1, n_2, n_3... die Stammzahlen der betreffenden Altersclassen
des Oberholzes pro Hektar, so ist die größte Beschirmungsfläche, als jene des
ältesten Schlages gegeben in dem Ausdrucke

$$S \max = s_1 n_1 + s_2 n_2 + s_3 n_3 \ldots$$

dagegen die geringste im jüngsten Schlage mit

$$S \min = s_0 n_1 + s_1 n_2 + s_2 n_3 \ldots$$

und die durchschnittliche Beschirmung liegt in der Mitte dieser beiden Werte.

Stellt man die zulässige größte Beschirmungsfläche in Quadratmetern
pro Hektar fest, und bezeichnet man den Quotienten der erfahrungsmäßigen Abnahme der Stammzahlen von der ersten Altersstufe des Oberholzes zur zweiten,
dritten ꝛc. mit a_2, a_3 ...., so daß $n_2 = n_1 a_2$, $n_3 = n_1 a_3$ ꝛc. ist (wobei

$a_2 < 1$, $a_1 < a_2$ rc.), so ergibt sich für den Normalstand die erforderliche Anzahl der Laßreidel pro Hektar aus $n_1 = \dfrac{S\,max}{s_1 + s_2\,z_2 + s_3\,z_3 + \ldots}$ und die Stammzahlen der übrigen Altersclassen aus den oberen Werten für n_2, n_3 u. s. f. w

Ferner ergibt sich als Oberholzvorrath pro Hektar für den ältesten Schlag:

$$V_u = v_1\,n_1 + v_2\,n_2 + v_3\,n_3 + \ldots$$

und für jenen des jüngsten Schlages:

$$V_1 = v_0\,n_1 + v_1\,n_2 + v_2\,n_3 + \ldots$$

somit als normaler Hiebssatz für eine volle Schlagreihe von n Hektaren:

$$E = V_u - V_1 = v_1\,(n_1 - n_2) + v_2\,n_1 - n_3 + v_3\,n_2 - v_0\,n_1 ;$$

thatsächlich ergibt sich aber als Hiebsatz des Oberholzes, da im $n$jährigen Schlage des Unterholzes sämmtliche Stämme der ältesten (III.) Classe, dann $n_2 - n_3$ Stämme der zweiten und $n_1 - n_2$ Stämme der ersten Altersclasse entnommen werden, mit $E = v_3\,n_3 + v_2\,(n_2 - n_3) + v_1\,(n_1 - n_2)$, wogegen um den Betrag $v_0\,n_1$, als den Cubikinhalt der überzuhaltenden Laßreidel, der Ertrag des Unterholzes und nicht jener des Oberholzes vermindert wird.

Es ist selbstverständlich, daß auf die vorstehende theoretische Betrachtung eher ein Wert in Bezug auf die Regelung der Stammzahlen im Oberholze als in Bezug auf die Ertragsbestimmung zu legen ist, nachdem die letztere, wie schon zuvor hervorgehoben wurde, stets nur nach den gegebenen Verhältnissen sich zu richten haben wird.

Der aus dem Nutzungsplane als durchschnittlich jährliche Nutzungsgröße für das erste Jahrzehnt resultierende Hiebsatz soll keineswegs als ein Zwang für den Wirtschafter, diese Größe auch alljährlich strenge einzuhalten, sondern vielmehr nur als Rahmen für die Wirtschaft des ganzen Decenniums angesehen werden, innerhalb dessen der Abgabesatz der Einzeljahre möglichst der Nachfrage angepaßt werden kann. Daß die früher übliche strenge Einhaltung eines bestimmten jährlichen Hiebsatzes, als dem Grundsatze jeder Production, das Angebot nach der Nachfrage zu richten, widerstreitend, aufgegeben werden müsse, wenn nicht ein wesentlicher Vortheil der Forstwirtschaft — die Möglichkeit eines Vorgriffes oder Zurückbleibens in der Nutzung je nach den Absatz- und Preisverhältnissen ohne namhafte Beeinträchtigung der Verzinsung — ganz aufgegeben und in das Gegentheil, nämlich einen unter Umständen sehr beträchtlichen Ertragsverlust, verwandelt werden soll, wird heute bereits ziemlich allgemein anerkannt, und darf ich diesbezüglich wohl wieder auf die in der „Österr. Vierteljahresschrift für Forstwesen" enthaltenen Abhandlungen über „die Nachhaltigkeitsforderung in der Forstwirtschaft" (Jahrgang 1890) und „Über die Zweckmäßigkeit gleicher Jahresnutzungen" (Jahrgang 1884) verweisen.

Bei allen jenen Betriebsformen, für welche der Ertrag zunächst nach der Fläche geregelt wird, also im schlagweisen Hochwaldbetrieb, im Niederwalde und für das Unterholz des Mittelwaldes, ist die zur Nutzung beantragte Fläche und nicht der nur im Sinne eines annähernden Voranschlages angesetzte Holzmassenertrag, beziehungs= weise der daraus abgeleitete Hiebssatz an Holzmasse, als für die Wirtschaftsführung maßgebend und bindend zu betrachten; dieser letztere Hiebssatz tritt daher nur im Plenterwalde (inclusive der zunächst verwandten Betriebsformen) und für das Oberholz des Mittelwaldes als die eigentlich bindende Grundlage für den Wirt= schafter ein. In beiden Fällen muß es übrigens gestattet sein, auch in diesem vorgeschriebenen Gesammtnutzungssatze, beziehungsweise im genehmigten Nutzungsplane, im Laufe des Decenniums — allerdings nur mit Genehmigung der entscheidenden Stelle — eine Ände= rung eintreten zu lassen, wenn die Voraussetzungen, auf welchen dieser Nutzungsplan begründet ist, sich inzwischen wesentlich geän= dert haben.

Die Grundlagen der Betriebseinrichtung.

Um eine Betriebseinrichtung im Sinne unserer vorstehenden Ausführungen aufstellen zu können, wird man zum Theil auch andere Grundlagen benöthigen, als dies früher der Fall war. Für die Beurtheilung der Rentabilitätsverhältnisse im allgemeinen und der Hiebsreife im einzelnen werden Erhebungen über Sortiments= ergebnisse und Preise, über Zuwachsprocente nach Masse und Wert u. s. w. nothwendig sein, während andere früher für wichtig erach= tete Nachweise und Erhebungen nunmehr entbehrlich erscheinen.

Grundsätzlich wäre auch bei der Aufstellung der Grundlagen die möglichste Vereinfachung anzustreben, und könnten daher manche Nachweise und Berechnungen, die für den Zweck unserer Einrichtung nicht nothwendig sind, aber altem Herkommen zuliebe meist noch in umfangreichen Tabellen den Einrichtungsoperaten beigelegt werden, in Zukunft ganz entfallen.

a) Vermessung und Flächenberechnung.

Die Hauptgrundlage unserer Einrichtung ist die Flächengröße im ganzen und im einzelnen; es ist daher die Forderung wohl berechtigt, daß der geodätische Theil der Vorarbeiten mit Sorgfalt und Gewissenhaftigkeit zur Ausfühung gelange, womit ich übrigens — insbesondere bei Forsten von geringem Ertrag und Werte — nicht einer allzugroßen Subtilität oder minutiösen Genauigkeit in der Vermessung das Wort sprechen möchte. Im genannten Falle ist der Aufwand für die Vermessung und Einrichtung mit dem Werte des Objectes in entsprechenden Einklang zu bringen, und ist nicht das absolut genaueste Verfahren, sondern jenes das Beste, welches mit dem geringsten Zeit= und Kostenaufwand ein für die Verhält= nisse hinlänglich genaues Resultat gibt. Es wird der für die Ver= messung größerer Forstcomplexe zu fordernden Genauigkeit in den meisten Fällen genügen, wenn die Theodolitvermessung auf das (sei es trigonometrisch oder polygonometrisch aufgenommene) Grundnetz beschränkt und im übrigen die Aufnahme mit guten Boussolen= instrumenten unter Anwendung des optischen Distanzmessens aus= geführt wird.

Auch die Forstvermessung ist nicht als eine Aufgabe für sich, sondern immer nur als Mittel zum Zwecke der Einrichtung zu be= trachten, daher in jeder Beziehung stets mit Hinblick auf diesen Zweck auszuführen. Aufgabe der Forstvermessung in diesem Sinne aber ist, einerseits ein vollständiges, getreues und geometrisch richtiges Bild des Forstes (in horizontaler Projection) mit seinen Umfangsgrenzen und Eintheilungslinien, den Abgrenzungen des Waldbodens gegen andere Culturgründe oder ertraglose Flächen und der einzelnen Bestände innerhalb desselben, ferner mit allen wirtschaftlich wichtigen Linien des Terrains, der Gewässer, Wege, Bauobjecte ꝛc. herzustellen, andererseits die Grundlage für eine unseren Zwecken genügende Berechnung aller einzelnen sowie der Gesammt= flächen zu schaffen. In letzterer Richtung wird eine Berechnung der Flächen auf ganze Ar oder auf zwei Decimalen des Hektar für die Zwecke der Forsteinrichtung allgemein als genügend und für beide oben bezeichneten Aufgaben eine Ausfertigung der Aufnahmskarten im Maßstabe von etwa 1 : 5000 als vollkommen ausreichend angesehen, womit auch, da in diesem Maßstabe Längen von weniger als 0·5 m kaum mehr genau aufgetragen werden können, das Maß der für die Detailmessung zu fordernden Genauigkeit bereits ge= geben ist.

Bei den geodätischen Arbeiten ist von den in neuerer Zeit, insbesondere auch von österreichischen Forstingenieuren ausgebildeten Hilfsmitteln, wie: optisches Distanzmessen, Tachygraphe zum Auf= tragen, Rechenschieber u. dgl., welche nicht nur ein schnelleres, son= dern auch ein genaueres Arbeiten gestatten, selbstverständlich mög= lichst Gebrauch zu machen.

Die Ergebnisse der Vermessung (zum Theil auch der Bestandes= aufnahme) finden in den verschiedenen Karten, jene der Flächen=

berechnung in der „Flächentabelle" ihre Darstellung, welche letztere die Einzel- und Gesammtflächen des betreffenden Besitzes, getrennt nach Waldgrund, landwirtschaftlich benütztem Grund und sonstigen Grundstücken, und zwar die Waldflächen nach Betriebsclassen und Abtheilungen geordnet, ausweist.

Von den für den Zweck einer Betriebseinrichtung anzufertigenden Karten kommen hier hauptsächlich folgende in Betracht:

1. Die Aufnahms- oder Auftragskarten als das Original der Aufnahme selbst (bei Meßtischaufnahmen) oder der Auftragung aller Vermessungsresultate (bei Theodolit- und Boussolenaufnahmen), nebst einer für den Gebrauch des Wirtschafters dienenden Copie derselben (in Deutschland zumeist Specialkarte, in Österreich Wirtschaftskarte genannt). Die Aufnahmskarten, für welche bei größeren Forsten der Maßstab 1 : 5000, bei kleineren ein solcher von 1 : 2500, speciell in Österreich, wenn die Katastralaufnahme benützt werden soll, der Maßstab der letzteren, nämlich 1 : 2880 oder 1 : 5760, zu empfehlen ist, bilden die Grundlage der Flächenberechnung und der Herstellung aller weiteren Karten; sie sollen aber jeder sonstigen Benützung entzogen werden, und hat daher die Copie derselben hauptsächlich für die Eintragung der Vermessungsnachträge und für die Flächenberechnung bei den weiteren Revisionen zu dienen.

Die einzelnen Blätter dieser Specialkarten werden übrigens zweckmäßigerweise nicht, wie die Aufnahmskarten, nach rechtwinkeligen Sectionen, sondern nach passenden Complexen der Abtheilungen, somit nach Eintheilungslinien, abgegrenzt, um jede Abtheilung und womöglich auch ganze Hiebszüge ungetheilt auf einem Blatte zu haben.

Auch im Maßstabe können die Special- oder Wirtschaftskarten von den Aufnahmskarten verschieden sein, da für die ersteren der Maßstab 1 : 5000 (oder 1 : 5760) in den meisten Fällen vollständig genügt, während für die letzteren der größeren Genauigkeit des Auftragens und der Flächenberechnung wegen ein größerer Maßstab (1 : 2500 oder 1 : 2880) oft vorzuziehen ist. Es werden also dann die Specialkarten aus den Aufnahmskarten nicht bloß als Copien, sondern durch Reduction auf das halbe Maß hergestellt. Für solche Reductionen, sowie auch als Grundlage für die Berechnung der Gesammtfläche, soferne diese nicht aus den Coordinaten der einzelnen Polygone berechnet wird, empfiehlt es sich, die Aufnahmsblätter vor dem Auftragen mit einem Netz von Hektar-Quadraten in feinen Carminlinien zu überziehen.

2. Die Bestandeskarte als Übersicht der zur Zeit der Einrichtung vorgefundenen Bestandesverhältnisse.

Diese, sowie etwaige sonstige Hilfskarten, für welche sämmtlich ein kleinerer Maßstab zuläßig ist, werden zweckmäßig auf Grund von lithographisch vervielfältigten Blankettkarten hergestellt, welche zugleich zum Gebrauch im Reviere für das Verwaltungs- und Schutzpersonale und zur vorläufigen Eintragung der Schlag- und Culturflächen jedes Jahres dienen, demnach als eigentliche Wirtschaftskarten zu betrachten wären.

Für diesen Zweck wird sich aber, wo die Größe der darzustellenden Complexe dies einigermaßen zuläßt, ein etwas größerer Maßstab, als er dermalen für Bestandeskarten meist in Anwendung ist, etwa von 1:10.000 bis 1:15.000 empfehlen, wodurch auch die Anfertigung der Bestandeskarten eher erleichtert als erschwert wird. Bei dem gegenwärtig meist üblichen Maßstabe der Bestandeskarten von 1:20.000 werden die einzelnen Bestandesflächen viel zu klein, um namentlich dem Förster, der mit stärkerem Stifte zu arbeiten pflegt, das Eintragen der einzelnen Schlag- oder Culturflächen zu ermöglichen.

Bezüglich der Bestandeskarten möchte ich gleichfalls eine Vereinfachung gegenüber der bisherigen umständlichen und oft sehr zeitraubenden Art ihrer Herstellung befürworten. Der Hauptzweck der Bestandeskarten ist, bei Feststellung der künftigen Hiebsordnung und Aufstellung des Nutzungsplanes den erwünschten Überblick über die dermalige Lage und Vertheilung der Altersclassen zu bieten; die Unterscheidung der Holzarten ist dabei, insolange die betreffenden Bestände derselben Betriebsart angehören, meist nebensächlich. Auch die künftigen Betriebsclassen können, soweit sie sich nicht schon in der jetzigen Bestandesform unterscheiden, in ihren Grenzen durch eine entsprechende Umrandung hinlänglich bezeichnet, und kann daher die Anwendung allzuvieler Farbentöne, andererseits aber auch die bei Anwendung von Deckfarben unerläßliche Überarbeitung der Schrift ꝛc. durch die Wahl von nichtdeckenden Farbenabstufungen vermieden werden.

Wohl verlangen wir bei solchen Karten mit Recht Sauberkeit der Ausführung und einen gefälligen Eindruck im ganzen, insbesondere auch in Bezug auf die Wahl der Farbentöne ꝛc., jedoch ohne jeden für den Zweck nicht erforderlichen Aufwand von Mühe und Kosten, da es sich ja nur um einen Behelf für die Einrichtung und nicht um ein selbständiges Kunstwerk (?) handelt.*)

3. Zur Herstellung einer eigenen Terrainkarte (als hypso= metrischer oder Schichtenkarte) zur Übersicht über die Terrainver= hältnisse wird man sich nur dann veranlaßt sehen, wenn die Ver= messung sich auch auf die Aufnahme des Terrains erstreckte, so daß die Zeichnung der Schichtenlinien im Maßstabe der Aufnahms= oder der Specialkarte mit genügender Genauigkeit ermöglicht ist; wo eine selbständige Terrainaufnahme nicht vorliegt, wird man besser die photographischen Copien der Aufnahmen des militärisch=geographi= schen Institutes im Maßstabe von 1 : 25 000 zur Herstellung von Terrain=Übersichtskarten benützen.

Für Gebirgsforste kann die Herstellung besonderer Terrain= karten nur sehr empfohlen werden, da die letztgenannten Karten, abgesehen von dem kleinen Maßstabe, in den Details für die Zwecke unserer Einrichtung und Wirtschaft, insbesondere für den Entwurf der räumlichen Eintheilung und des Wegnetzes, auch zu wenig genau sind, und anderseits die erforderlichen Daten für eine solche genauere Terraindarstellung in Verbindung mit der sonstigen Vermessung ohne wesentlichen Mehraufwand an Zeit und Kosten gewonnen werden können, wenn für alle Triangulierungs= oder Hauptpolygonpunkte nebst den Coordinaten auch die Höhen berechnet und ebenso für alle Punkte der Detailaufnahme auf Grund der notierten Neigungs= winkel nebst der horizontalen Entfernung auch die Höhenunterschiede auf dem Rechenschieber abgelesen werden. Damit erhält man bereits auf allen Linien des Umfanges, der Eintheilung und Bestandesaus= scheidung, der Wege, Thäler und Gräben, Bergrücken und Riegel 2c. eine große Anzahl von Punkten von bestimmter Höhe, zwischen welchen die Durchgangspunkte der Isohypsen (letztere bei steilerem Terrain von 10 zu 10 m, bei flacherem Terrain von 5 zu 5 m genommen) leicht interpoliert, und welche erforderlichen Falles noch durch besondere Aufnahme einzelner Profillinien oder durch Ein= schaltung von mittelst Aneroid bestimmten Zwischenpunkten ergänzt werden können, so daß sich hieraus hinreichend viele Punkte gleicher Höhe für die Einzeichnung der einzelnen Schichtenlinien ergeben.

Um diese Schichtenlinien auch in die Specialkarte aufnehmen

---

*) Die von Director Bretschneider eingeführte Herstellung der Be= standeskarten nach dem Spritzverfahren gibt sehr gleichmäßige und gefällige Farbentöne und kann daher für die Ausführung feinerer Karten empfohlen werden; für den gewöhnlichen Gebrauch dürfte sie immer noch zu zeitraubend sein.

zu können, empfiehlt sich das Auftragen der betreffenden Daten und der Entwurf derselben im Maßstabe 1 : 5000, jedoch nicht auf der Original=Aufnahmskarte, sondern auf besonderen Blättern, welche dann durch entsprechende Reduction zu einer Terrain=Übersichtskarte im Maßstabe der Bestandes= und Wirtschaftskarten zusammengestellt werden. *)

4. Zur Vergleichung und Übersicht der Einschätzung der Stand= ortsbonitäten kann auf einer Blankettkarte in einfachster Weise (durch Tuschanlage, die mit der Standortsgüte zunimmt) eine Bo= denbonitätskarte geschaffen und dieselbe eventuell durch Be= zeichnung des Grundgesteines mit verschiedener Farbenanlage über der Tuschgrundlage, sowie durch charakteristische Zeichen für die Be= schaffenheit des Gesteins und Bodens zur einer vollständigen Boden= karte ergänzt werden.

Zu diesen Karten kommt dann noch — aber nicht als Grund= lage, sondern als ein Ergebnis der Einrichtung — die bereits Seite 66 erwähnte Hiebsplankarte als übersichtliche Darstellung der geplanten Hiebsführung, sowie der Nutzungsflächen der ersten und eventuell auch der nächstfolgenden Jahrzehnte.

Bei erstmaligen oder Neueinrichtungen wird der geodätische Theil der Vorarbeiten umsomehr den größeren Antheil des Zeit= und Kostenaufwandes beanspruchen können, als er — mit wenigen Veränderungen — die ständige Grundlage auch für alle weiteren Revisionen bildet, während die taxatorischen Erhebungen in verhält= nismäßig kurzer Zeit immer wieder neu vorgenommen werden

---

*) Diese Terrainkarten können dann auch als Grundlage zur Herstellung von den in neuerer Zeit beliebt gewordenen sog. Reliefkarten dienen, welche eine hinsichtlich der räumlichen Eintheilung, des Wegnetzes u. s. w. sehr über= sichtliche plastische Darstellung des betreffenden Terrains geben. Für solche Reliefs empfiehlt sich der Maßstab 1:10.000 sowohl für die Längen, als für die Höhen; nur bei sehr flachem Terrain könnte eine geringe Überhöhung eintreten. Auf denselben sind sodann nur die ständigen Linien der Grenzen, Eintheilung, Wege rc., ohne das veränderliche Detail der Bestandesausscheidungen ersichtlich zu machen. Die Herstellung solcher Reliefs erfolgt am besten mittelst Cartons von bestimmter, der Schichtenhöhe entsprechender Dicke, welche nach dem Verlaufe der einzelnen Schichtenlinien ausgeschnitten und dann aufeinander befestigt werden. Auf die einzelnen Cartons wird nebst dem auszuschneidenden Umfange der be= treffenden Schichte immer auch die nächsthöhere Isohypse durchcopiert, um die folgenden Schichten stets genau in richtiger Lage befestigen zu können. Bei dem Maßstabe 1:10.000 und einer Schichtenhöhe von 10 m wären demnach Cartons von 1 mm Dicke zu verwenden.

müssen. Schon bei der ersten und auch bei den weiteren Revisionen wird dagegen diesen letzteren Erhebungen eine verhältnismäßig größere Aufmerksamkeit zugewendet werden können, da die Vermessungsnachträge innerhalb des gegebenen festen Rahmens der Eintheilung nur wenig Arbeit erfordern, und auch durch die in den Wirtschaftsbüchern eingetragenen bisherigen Betriebsergebnisse eine immer sicherere Grundlage für die Beurtheilung der Massen- und Gelderträge geschaffen wird.

b) Bestandesaufnahme.

Die Bestandesbeschreibung soll im Sinne unseres obigen Grundsatzes gleichfalls möglichst kurz und einfach gehalten sein. Nebst Angabe der Fläche für jede Unterabtheilung und ihrer Ertragsfähigkeit (Standortsclasse) wird eine kurze Charakteristik der standörtlichen Verhältnisse (wo nicht etwa die allgemeinen Bemerkungen hierüber bereits genügen), dann der Bestandesverhältnisse, letztere nach Alter, Holzart, Bestandesform und Bestockung (Vollkommenheitsgrad) für den eigentlich beschreibenden Theil genügen. Der gegenwärtige Holzmassenvorrath ist nur für jene Bestände zu erheben und anzuführen, welche als hiebsreif oder aus anderen Gründen voraussichtlich innerhalb der nächsten beiden Decennien zur Nutzung gelangen werden. Diesen Holzvorrath auch für alle jüngeren Bestände anzusetzen, hätte für unsere heutige Einrichtung keinen Zweck. Auch die Ansätze über den laufenden und durchschnittlichen Zuwachs aller Bestände sind entbehrlich, da wir sie als Factoren der Ertragsberechnung nicht mehr benöthigen. Für die Beurtheilung der Massenzunahme der zum Abtrieb gelangenden Bestände bis in die Mitte der betreffenden Zeitperiode genügt vollständig der Ansatz des Zuwachsprocentes bei diesen Beständen.

Die zumeist übliche Trennung der Holzmassen- und Zuwachsansätze nach „hart" und „weich" oder auch nach „Laubholz" und „Nadelholz" kann für uns nur den Zweck haben, bei wesentlich verschiedenwertigen Holzarten die Beurtheilung des Geldwertes der Erträge zu erleichtern und wäre daher nur in solchem gegebenen Falle beizubehalten; aber dann nicht nur auf obige Unterscheidung zu beschränken, sondern erforderlichenfalls auch auf die Scheidung von Buche und Eiche oder Fichte und Lärche u. dgl. auszudehnen. Für jene Holzmassen und Zuwachsansätze, welche nur zur Ertragsberechnung zu dienen haben, wird eine solche Scheidung umso eher entbehrlich sein, als der Hiebssatz innerhalb einer Betriebsclasse doch

nur aus der Gesammtziffer und nicht nach Holzarten getrennt be=
rechnet werden kann.

Wenn man einen Wert darauf legt, die Größe des Haubar=
keits=Durchschnittszuwachses aller Bestände nach dem dermaligen
Stande zu kennen, um etwa dieselbe mit dem Hiebssatz zu ver=
gleichen — ein Vergleich, der übrigens für den Hiebssatz umso=
weniger maßgebend sein kann, je mehr der wirkliche Durchschnitts=
zuwachs, etwa infolge des Vorhandenseins überalter Bestände,
gegen den erreichbaren künftigen Zuwachs zurückbleibt — so kann
dieser Ansatz, jedoch ohne Unterscheidung von Holzarten, in die
Bestandesbeschreibung aufgenommen werden. Annähernd kann bei
nicht sehr abnormen Verhältnissen die Größe des gesammten wirk=
lichen Durchschnittszuwachses auch aus jener des normalen Durch=
schnittszuwachses der betreffenden Betriebsclasse mit Berücksichtigung
des durchschnittlichen Bestockungsgrades derselben, dann des gegen=
wärtigen Flächenantheiles der verschiedenen Holzarten, insoferne
hiedurch die wirkliche Zuwachsgröße gegen die normale verändert
wird, beurtheilt werden.

Um für die Aufstellung des Zwischennutzungsplanes aus der
Bestandesbeschreibung sofort die richtigen Ziffern zu erhalten, ist
als Holzmassenvorrath des Zwischenbestandes nur die wirklich nutz=
bare, beziehungsweise verwertbare Holzmasse (also auch mit Abzug
des Aufarbeitungs= und sonstigen Verlustes) aufzunehmen und hat
also ein solcher Ansatz bei allen jenen Beständen, deren Zwischen=
bestand noch nicht verwertbar ist, zu entfallen.

Hinsichtlich der bei den Holzmassenerhebungen für die Be=
standesaufnahme anzustrebenden Genauigkeit ist unser Standpunkt
heute ein anderer geworden, weil dieselben nicht mehr wie früher
die Hauptgrundlage der ganzen Ertragsregelung bilden, sondern nur
dazu dienen, die Veranschlagung der von den Abtriebsflächen der
nächsten Zeit zu erhoffenden Erträge nach Holzmasse und eventuell
auch nach Wert zu ermöglichen. Je nachdem nun auf eine möglichst
sichere Präliminierung der Erträge mehr oder weniger Wert gelegt
wird, wird auch die Methode der Bestandesaufnahme und der damit
erreichte Genauigkeitsgrad verschieden sein können.

Im allgemeinen dürfte es wohl erwünscht sein, auch für den
Ansatz der Holzmassenerträge, wenigstens des nächsten Jahrzehnts,
eine möglichst sichere Grundlage zu erhalten, und wird es sich daher
empfehlen, die betreffenden Bestände ganz auskluppieren zu lassen.
Es kann dies umso eher geschehen, wenn diese genaue Aufnahme

auf die haubaren Bestände als die voraussichtlichen Nutzungsflächen des ersten oder auch zum Theile des zweiten Jahrzehnts beschränkt wird, wogegen in den Nutzungsflächen der nächstfolgenden Decennien die Aufnahme nach kürzerem Verfahren, gegebenenfalls mittels Probe= flächen, schon deshalb zulässig sein wird, weil diese Bestände bei den folgenden Revisionen noch einmal zur genauen Aufnahme ge= langen.

Im weiteren dürfte selbst für die genauere Aufnahme, wenn die beiden Hauptfactoren der Holzmasse, die Stammgrundfläche und die Bestandeshöhe — erstere durch die Auskluppierung und letztere durch auf verschiedene Bestandespartien und Stärkestufen ausgedehnte Höhenmessungen — verlässlich gegeben sind, die Anwendung eines einfachen Verfahrens, wie z. B. von Massen= oder Formzahltafeln, für die Holzmassenberechnung fast immer genügen, wenn nicht etwa schon für andere Zwecke Modellstämme gefällt werden sollen.

Eine möglichst verläßliche Erhebung des Holzvorrathes der zum Hieb gelangenden Bestände bietet insbesondere den Vortheil, daß die im Nutzungs= plane angesetzten Hiebsätze nach Fläche und Holzmasse übereinstimmend sein werden, und daher auch der letztere Hiebsatz als der maßgebende angenommen werden kann, wo dies aus irgend welchen Gründen erwünscht sein sollte; im allgemeinen muß aber in Hinkunft von der bisher vielfach geltenden Meinung abgegangen werden, als ob das Hauptkriterium einer guten Betriebseinrichtung in der genauen Übereinstimmung des wirklichen Ertrages jedes einzelnen Bestandes mit der vorausgegangenen Schätzung gelegen wäre, da wir die letztere nur als eine vorläufige Veranschlagung betrachten und die Einrichtung an ihrem sonstigen Werte für die Betriebsordnung gar nichts verliert, wenn selbst hie und da erheb= lichere Differenzen zwischen dem wirklichen Erfolg und jenem Präliminare sich ergeben sollten.

Eine genaue Präliminierung des Ergebnisses eines nur theilweisen Aus= hiebes aus bestimmten Flächen ist bei Durchforstungs= und Lichtungshieben, sowie bei Verjüngungsschlägen, deren Ertrag bei den ersteren von der verschie= denen Auffassung über den entsprechenden Grad des Aushiebes, bei den letzteren von dem Eintritte und der Entwicklung des Unterwuchses abhängig ist, über= haupt nicht wohl möglich. Bei Durchforstungs= und Lichtungshieben ist, weil es sich hier um eine nothwendige Maßregel der Bestandes= und Zuwachspflege handelt, die angesetzte Nutzungsfläche ohne Rücksicht auf deren etwa größeren oder geringeren Ertrag, bei den Verjüngungsschlägen des Femelschlagbetriebes, sowie auch im Plenterwalde dagegen der Hiebsatz an Holzmasse einzuhalten und erfor= derlichenfalls die Nutzungsfläche danach zu modificieren.

Besonderes Gewicht ist nach dem Grundsatze unserer Einrich= tung auf die Erhebung und Eintragung der Zuwachsprocente nach Masse und Qualität für alle jene Bestände zu legen, die bezüglich theilweiser Nutzung (eines Lichtungshiebes zur Hebung des bereits zu sehr gesunkenen Zuwachses) oder auch des gänzlichen Abtriebes

in Frage kommen. In den meisten Fällen geben diese beiden Pro-
centziffern über die Zweckmäßigkeit oder Nothwendigkeit der einen
oder anderen Maßregel bereits hinreichend Auskunft und kann daher
die Berechnung des eigentlichen Weiserprocentes auf zweifelhafte
Fälle, insbesondere auf solche, in welchen der baldige Abtrieb nicht
wegen unzureichenden Zuwachsprocentes, sondern wegen mangelhafter
und geringwertiger Bestockung des betreffenden Bestandes, also unge-
nügender Verzinsung des Grundcapitals, in Frage kommt, beschränkt
werden.

Die Ermittelung des Massenzuwachsprocentes für ganze Bestände erfolgt am besten durch Summierung der Einzel-Zuwachs-
procente der Stammgrundfläche (des Bestandes), der Höhe und
der Formzahl. Das Zuwachsprocent der Gesammt-Stammgrund-
fläche, als die eigentlich ausschlaggebende Größe, kann zweckmäßig
in der Weise erhoben werden, daß an einer Reihe von Stämmen
verschiedener Stärkestufen (mit vorwiegender Berücksichtigung der
mittleren und stärkeren Stammclassen) ihre jetzigen Durchmesser
$d_1, d_2, d_3 \ldots$, dann mittelst des Zuwachsbohrers die durchschnittlich
jährliche Breite ihres beiderseitigen Durchmesserzuwachses $\partial_1, \partial_2, \partial_3 \ldots$
erhoben werden, aus welchen Daten sich das durchschnittliche Zu-
wachsprocent nach der Formel

$$p_g = \frac{200 \, (d_1 \, \partial_1 + d_2 \, \partial_2 + d_3 \, \partial_3 + \ldots)}{d_1^{\,2} + d_2^{\,2} + d_3^{\,2} + \ldots}$$

oder kürzer: $p_g = 200 \cdot \dfrac{\Sigma \, d \partial}{\Sigma \, d^2}$, ergibt. Das Zuwachsprocent der Höhe
ist nach Anschätzung oder Messung der durchschnittlichen Bestandes-
höhe und des noch daran pro Jahr erfolgenden Zuwachses (λ) aus

$$p_h = \frac{100 \, \lambda}{h}$$ unschwer zu ermitteln; die Änderung der Formzahl
kann für kürzere Zeiträume in den meisten Fällen unberücksichtigt
bleiben und würde also nur bei voraussichtlich entschiedener Zu-
oder Abnahme derselben (im letzten Falle negativ) in Rechnung zu
nehmen sein.

Ungleich schwieriger gestaltet sich die Erhebung des Qualitäts-
zuwachs-Procentes, weil dieses wesentlich von den örtlichen Sorti-
ments- und Preisverhältnissen abhängig ist, und können schon deshalb allgemein giltige Regeln hiefür nicht wohl aufgestellt werden.
Es können hiezu mehrere Wege eingeschlagen werden, und zwar:

    entweder man beurtheilt das gegenwärtige Sortiments-
ergebnis des Bestandes im ganzen nach Procenten und berechnet

hiernach auf Grund des bekannten Preises der betreffenden Sortimente den gegenwärtigen Durchschnittspreis pro Festmeter (q), ebenso nach Beurtheilung des nach n-Jahren zu erwartenden Sortiments= ergebnisses den diesem entsprechenden Durchschnittspreis (q'); aus diesen beiden Größen ergibt sich das Qualitätszuwachsprocent nach der bekannten Preßler'schen Näherungsformel $p_q = \dfrac{q' - q}{q' + q} \cdot \dfrac{200}{n}$;

oder man bestimmt diesen Durchschnittswert pro Festmeter für jetzt und nach n-Jahren für eine Anzahl von Stämmen ver= schiedener Stärkeclassen (und zwar wieder mit vorwiegender Berück= sichtigung der mittleren und stärkeren Stammclassen), und setzt das arithmetische Mittel dieser Einzel=Qualitätsziffern für jetzt und nach n-Jahren an Stelle des q und q' in obiger Rechnung;

oder man beurtheilt direct den jetzigen und späteren Wert der betreffenden Einzelstämme im ganzen (welche aber in diesem Falle möglichst einer gleichen Stammzahl des Bestandes entsprechen, also nach dem Princip des Draudt=Urich'schen Verfahrens ausgewählt werden sollen), bestimmt aus der Differenz dieser Werte für jeden Stamm dessen jährlichen Wertszuwachs und erhält in diesem Falle das gesammte Wertszuwachsprocent (also Massen= und Qualitäts= zuwachsprocent) aus $p_w = 100 \dfrac{\Sigma z}{\Sigma w}$, worin Σw die Summe aller an den Einzelstämmen erhobenen jetzigen Werte und Σz die Summe aller für dieselben ermittelten Jahreszuwachsgrößen des Wertes bedeutet.

Man wird von den beiden letzteren die eine oder die andere Berechnungsweise vorziehen, je nachdem aus dem örtlichen Verkaufs= modus leichter der Wert ganzer Stämme von bestimmter Dimension oder der Wert pro Festmeter zu bestimmen ist; auch würde es sich empfehlen, für solche Erhebungen eine kleine Tabelle aufzustellen, welche den Wert in dem einen oder dem anderen Sinne für ver= schiedene Stärke= und Höhenstufen der Stämme angibt. Daß bei der Beurtheilung des künftigen Wertes nicht nur der Grundstärken= zuwachs, sondern auch das Hinaufrücken der nutzbaren Länge in Betracht gezogen werden müsse, ist selbstverständlich.

Übrigens geben die im folgenden Abschnitte zu behandelnden Studien über Sortiments=Ergebnisse und Preiszunahme zum Zwecke der Aufstellung der Geldertragstafeln gleichfalls wertvolle Anhalts= punkte für die Beurtheilung des Qualitätszuwachsprocentes in ver= schiedenen Altersstufen, und können die dort ermittelten Ziffern

dieſes Procentes bei annähernd normalen, das heißt den Voraus-
ſetzungen der Ertragstafel entſprechenden Beſtänden auch directe
Anwendung finden.

Die „wirtſchaftlichen Bemerkungen für das nächſte Jahrzehnt",
welche zweckmäßig dieſer Beſtandesbeſchreibung angeſchloſſen werden,
ſollen in Kürze angeben, welche Maßregeln in Bezug auf Verjüngung, Nachbeſſerung, Beſtandespflege, Nutzung, oder auch Bodenmelioration u. ſ. w. in jedem einzelnen Beſtande wünſchenswert oder
nothwendig ſind; ſie bilden für die Aufſtellung des Planes der
Zwiſchennutzungen, Lichtungen oder ſonſtiger Aushiebe und des
Culturplanes die Hauptgrundlage und ſollen auch bei der Auswahl
der Nutzungsflächen für den eigentlichen Hauungsplan die möglichſte
Berückſichtigung finden.

In das Formulare der Beſtandesbeſchreibung kann auch die
Altersclaſſenüberſicht einbezogen werden, indem die Fläche jeder
Unterabtheilung gleich in die betreffende Spalte eingetragen wird,
und bedarf es alſo hiezu keiner beſonderen Tabelle. Ebenſo werden
in der Flächentabelle leicht die erforderlichen Spalten Raum finden,
um die Vertheilung der Einzelflächen in die verſchiedenen Standorts-
claſſen und eventuell auch die auf eine beſtimmte Durchſchnittsbonität
reducierten Flächen auszuweiſen, deren Geſammtgröße dann die
Grundlage zur Beurtheilung des künftigen Durchſchnittszuwachſes
der ganzen Betriebsclaſſe bildet. (Die nebenſtehenden Formulare
geben ein Muſter für die tabellariſche Anordnung dieſer beiden Nach-
weiſungen.)

Für die Altersclaſſenüberſicht dürfte der Ausweis nach den
wirklichen Flächen der einzelnen Beſtände in den meiſten Fällen
genügen; bei größeren Differenzen der Ertragsfähigkeit innerhalb
derſelben Betriebsclaſſe kann neben dieſen auch die auf gleiche Ertragsfähigkeit (Standortsgüte) reducierte Fläche der einzelnen Alters-
claſſen ausgewieſen werden, weil dies in ſolchem Falle für die
richtige Beurtheilung des wirklichen gegenüber dem normalen Alters-
claſſenverhältniſſe von Bedeutung iſt. Dagegen iſt von einer Reduction
der Flächen auf gleiche Beſtandesbonität, und demnach auch von
einer beſonderen „Beſtandesbonitierung" überhaupt ganz abzuſehen,
da einer ſolchen Reduction weder vom Standpunkte der Altersclaſſenordnung, noch von jenem der ſtrengen Nachhaltigkeit ein Wert
beigelegt werden kann.

Flächentabelle und Vertheilung der Flächen nach Standorts-classen.

Orts-bezeich-nung *)	Wald-grund	Landwirt-schaftlich benützter Grund	Sonstige Grundfläche	Gesammtfläche	Fläche des Wald-grundes in der					Auf (III.) Stand-ortsclasse redu-cierte Fläche
					I. II. III. IV. V. Standorts-Classe					
Nr. Lit.	Hektar	Art Hektar	Art Hektar	Hektar	Hektar					

*) Unter der Ortsbezeichnung können, insbesondere wenn die Vermessung und Flächenberechnung auf Grund der Catastralkarten erfolgte, auch die Catastral-Parcellen, welchen die betreffenden Flächen angehören, angeführt werden.

Bestandesbeschreibung, zugleich

Ortsbe-zeichnung			Fläche in der Altersclasse (Die reducierten Flächen roth)						Verjüngung oder Blößen verloren	Blößen u. Räumden	Standorts-Verhältnisse (Lage und Rei-zung, Höhe über der Meereshöhe, Boden und Grundgestein)	Holzart und Bestandesform
Abtheilung Nr.	Unterab-theilung Lit.	I 1–20 jährig	II 21–40 jährig	III 41–60 jährig	IV 61–80 jährig	V 81–100 jährig	VI üb.100 jährig					
		Hektar										

Altersclassentabelle.

Bestandesalter	Gegenw. Bestockung	Mittl. Bestandes-höhe und Stamm-grundfl. pro Hektar	Gegenwärtiger Holzmassen-Vorrath						Zuwachs-Pro-cente für das nächste Decennium		Wirthschaftliche Bemerkungen für das nächste Jahr-zehnt
			Hauptbestand			Zwischenbestand			a Masse	b Qua-lität	
			pro Hek-tar **)	im Gan-zen **)	Sortim. Procente	pro Hek-tar **)	im Gan-zen **)	Sortim. Procente			
			Festcubikmeter			Festcubikmeter					

**) Diese Spalten sind nach Erforderniß in „hart" und „weich" oder nach sonst verschiedenwertiger Holzarten zu trennen

c) Aufstellung der Ertragstafeln.

Eine unerläßliche Grundlage für jede Neueinrichtung ist die Aufstellung von den localen Wachsthums- und Verwertungsverhält- nissen angepaßten Holzmassen- und Geldertragstafeln für die in Frage kommenden Holzarten und Standortskategorien, da die ge- naue Kenntnis des Wachsthumsganges der Bestände, sowie der Einzelstämme nach Masse und Wert wohl als die erste Voraus- setzung einer Betriebseinrichtung im Sinne der Bestandes- oder Baum- wirtschaft bezeichnet werden kann.

Um diese Kenntnis über den Entwicklungsgang der Einzel- stämme und damit zugleich eine sichere Grundlage für die Aufstellung der Massenertragstafeln zu gewinnen, ist die Untersuchung einer Anzahl von Modellstämmen aus typischen Beständen für die be- treffende Holzart und Standortskategorie auf ihren Wachsthumsgang im Wege der sogenannten Stammanalyse*) sehr zu empfehlen: dieselbe bietet uns auch, wenn wir zugleich deren Sortimentsergebnis in verschiedenen Altersstufen erheben, einen lehrreichen Einblick in den Wertszuwachs der Einzelstämme für die betreffenden Altersstufen.

Die Massenertragstafeln müssen, wenn sie einen entsprechenden Einblick in den Entwickelungsgang der Bestände gewähren sollen, außer den Ansätzen der Holzmasse des Haupt- und Zwischenbestandes pro Hektar in den einzelnen Altersstufen und jenen des periodischen und durchschnittlichen Zuwachses auch die wichtigsten Elemente der Bestandesentwickelung, also Stammzahlen und Stammgrundflächen pro Hektar, Höhe, Grundstärke, Formzahl und Holzgehalt des jewei- ligen Mittelstammes, enthalten. Sehr empfehlenswert und für die Beurtheilung der Sortimentsergebnisse wertvoll ist es, wenn außer- dem auch die Vertheilung der Stammzahlen in die einzelnen Stärke- classen für die höheren Altersstufen (etwa vom 50. Jahre ab) er- mittelt und in einer kleinen Tabelle dargestellt wird. Zu diesem Zwecke wären aus den Auszählungsregistern sämmtlicher Bestandes- und Probeflächenaufnahmen (mit Ausschließung abnormer Bestände) die Antheile der einzelnen Stärkeclassen (diese von 5 zu 5 cm genommen) an der Gesammtstammzahl in Procenten zu erheben, daraus für Bestandesgruppen von annähernd gleichen Grundstärken des Mittel- stammes die Durchschnitte zu rechnen und diese Werte graphisch zu

---

*) Eine kurze Anleitung zur Ausführung solcher Stammanalysen ist im Abschnitte „Holzmeßkunde" von Lorey's „Handbuch der Forstwissenschaft", Bd. II, Seite 211 bis 215, enthalten.

entsprechenden Reihen auszugleichen. Durch (gleichfalls graphische) Interpolierung erhält man dann die Procentantheile der Stärke= classen, welche der jeweiligen Grundstärke des Mittelstammes in den einzelnen Altersstufen entsprechen.

Der Vorgang bei Aufstellung der Massenertragstafeln kann im weiteren hier wohl als bekannt vorausgesetzt werden; doch dürfte es berechtigt sein, auf die Aufstellung der Geldertragstafel etwas näher einzugehen.

Die Geldertragstafel soll den Wert des Hauptbestandes, sowie der Zwischenerträge für alle Altersstufen, in welchen überhaupt eine Verwertung des ersteren sowie der letzteren möglich ist, und, hieraus berechnet, die Bodenrente und Waldrente, ferner das Wert= zuwachs= und das Weiserprocent für die betreffenden Altersperioden angeben.

Zunächst müssen die Ansätze der Holzmassen aus der Massen= ertragstafel, welche meist die gesammte Holzmasse am Stocke inclusive Rinde enthalten, sowohl für den Haupt= als für den Zwischen= bestand auf die wirklich verwertbare Holzmasse (also mit einem Abzug an Aufarbeitungs=, Rinden=, eventuell auch Bringungs= verlust von je nach Umständen 5 bis 10 bis 15%) reduciert werden, ferner müssen, um den Durchschnittswert des Holzvor= rathes in den verschiedenen Altersstufen zu erhalten, zuvor die örtlich wichtigsten und gangbarsten Sortimente und deren Preise festgestellt, dann das Sortimentsergebnis ganzer Bestände in den betreffenden Altersstufen (in Procenten der Gesammtmasse) ermit= telt werden.

Das letztere erfolgt am sichersten theils durch Probefällungen in Beständen verschiedenen Alters, theils durch die bereits oben erwähnte Erhebung des Sortimentsergebnisses an den der Stamm= analyse unterzogenen Modellstämmen, welche, wenn sie verschiedenen Stammclassen entnommen werden, gleichfalls in ihrer Gesammtheit das Modell eines Bestandes in seiner Entwickelung darstellen.

Die Ergebnisse der letzteren Erhebung bedürfen stets einer Correctur, insoferne in der Regel doch nicht alle Stammclassen unter diesen Modellstämmen vertreten sind, und ferner, weil aus den betreffenden Zeichnungen wohl die Dimensionen der Stämme in allen Altersstufen, nicht aber die etwa vorhandenen Schadhaftigkeiten oder sonstigen Fehler derselben ersichtlich sind, daher im allgemeinen ein zu hohes Nutzholzprocent daraus sich ergibt. Zu dieser Correctur

werden die Ergebnisse der erwähnten Probefällungen und womöglich auch die aus den vorausgegangenen Nutzungen der letzten Jahre erhobenen Sortimentsprocente benutzt. Die so erhaltenen Zahlen der Sortimentsprocente werden zweckmäßig wieder auf graphischem Wege, wie die hier beigefügten Figuren 8 und 9 zeigen, zu ent=
sprechenden Reihen, und zwar zunächst zur Fest= stellung der Nutzholz= und Brennholzprocente im ganzen, dann zur Ver= theilung dieser Gesammt= procente auf die einzel= nen Sortimente des Nutz= und Brennholzes ausge= glichen.

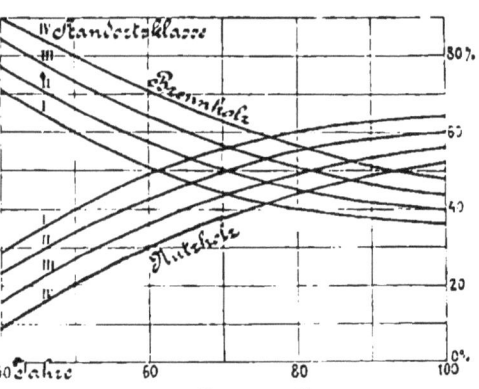

Fig. 8. Procente des Nutz= und Brennholzes in der I. bis IV. Standortsclasse.

Aus diesen Sorti= mentsprocenten und den Preisen der einzelnen Sortimente ergeben sich die Durchschnittspreise pro Cubik=Festmeter für alle Altersstufen, sowie auch die Preis= oder Qua= litätszuwachsprocente innerhalb derselben, und damit sind auch die Werte der Holzmasseneerträge des Haupt= und Zwischen= bestandes für die Geld= ertragstafel gegeben.

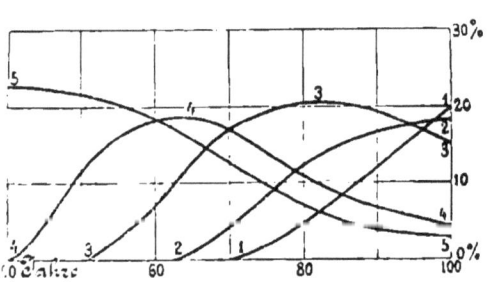

Fig. 9. Procente der Nutzholzsortimente 1 bis 5 in der II. Standortsclasse.

Es dürfte manchem Leser erwünscht sein, wenn ich ein Beispiel einer solchen Ertragstafel, welches den Grundlagen für die Einrichtung eines in Nieder österreich gelegenen Forstbesitzes, und zwar speciell für Fichtenbestände der II. Standortsclasse desselben entnommen ist [*], und auf welches sich auch die beiden vorstehenden Figuren 8 und 9 beziehen, hier beifüge.

—

[*] Die gesammte Bearbeitung dieser Ertragstafeln wird demnächst in der „Österreichischen Vierteljahresschrift für Forstwesen" veröffentlicht werden.

a) Ertragstafel

für Fichtenbestände II. Standortsclasse (Bonität: „sehr gut").

Bestandesalter	Grundfläche (cm)	Höhe (m)	Formzahl (1/1000)	Holzgehalt (1m³)	Stammzahl	Stammgrundfläche (m²)	Holzmasse (fm³)	Massenzuwachs period. (fm³)	Massenzuwachs durchschn. (fm³)	Ausscheid. Zwischenbest. Stammzahl	Ausscheid. Zwischenbest. Holzmasse (1m³)	Gesammt Massenertrag (1m³)	Gesammt Zuwachs period. (1m³)	Gesammt Zuwachs durchschn. (1m³)	Zuwachsproc.
10	1·0	1·7	—				18		1·8			18		1·8	
20	7·7	6·0	535	0·015	5020	23·6	76	5·8	3·8		20	96	7·8	4·8	
30	13·2	10·8	505	0·075	2280	31·2	170	9·4	5·67	2740	23	218	12·2	7·27	9·5
40	17·8	15·5	495	0·19	1480	36·9	283	11·3	7·08	800	32	363	14·5	9·08	6·36
50	21·8	19·5	490	0·36	1125	41·8	399	11·6	8·00	355	34	513	15·0	10·26	4·35
60	25·2	22·7	487	0·56	920	46·0	509	11·0	8·48	205	32	655	14·2	10·92	3·10
70	28·3	25·2	484	0·77	786	49·5	604	9·5	8·63	134	29	779	12·4	11·13	2·20
80	31·1	27·2	480	0·99	691	52·4	684	8·0	8·55	95	26	885	10·6	11·06	1·63
90	33·6	28·8	475	1·21	618	54·7	748	6·4	8·31	73	24	973	8·8	10·81	1·22
100	35·8	30·1	470	1·42	563	56·5	800	5·2	8·00	55	22	1047	7·4	10·47	0·95

b) Vertheilung der Stammzahlen pro Hektar in die Stärkeclassen.

Bestandes-alter	Mittel-stamm cm	Stammzahl in der Stärkeclasse von — bis — Centimeter 6—10	11—15	16—20	21—25	26—30	31—35	36—40	41—45	46—50	51—55	56—60	61—65	im ganzen pro ha
50	21·8	45	230	280	260	180	90	30	10	—	—	—	—	1125
60	25·2	10	150	190	200	170	110	55	25	10	—	—	—	920
70	28·3	—	83	130	150	150	120	80	40	25	8	—	—	786
80	31·1	—	50	100	120	120	105	80	55	36	20	5	—	691
90	33·6	—	20	70	100	110	100	80	60	40	26	12	—	613
100	35·8	—	—	50	80	95	95	85	70	44	28	12	4	563

c) Ermittlung der Durchschnittspreise für die Abtriebserträge.

Im Bestandesalter	Procente des Sortimentes 1 2 3 4 5 6 7 Preis pro Festmeter in Gulden 6·00 5·00 4·00 3·00 2·50 2·00 1·40							Im Ganzen Nutzholz Brennholz Procente	Durchschn. Preis pr. fm. fl.	Procentwachs m	Anmerkung
40	—		2	23	24	51	25	75	1·85	0·8	Bezeichnung der Sortimente: a) Nutzholz. Preis 1. Starkes Bau- und Klotzholz .... 6·00 fl. 2. Mittleres Bau- u. Klotzholz üb. 23 cm 5·00 „ 3. Mittleres Bauholz unter 23 cm. .. 4·00 „ 4. Schwaches Bauholz 3·00 „ 5. Grubenholz 2c... 2·50 „ b) Brennholz. 6. Scheitholz .... 2·00 „ 7. Prügel u. Reisholz 1·40 „
50		12	22	29	37		34	66	2·00	1·18	
60	—	7	18	18	31	26	43	57	2·25	1·44	
70	4	17	17	12	32	18	50	50	2·60	1·46	
80	5	12	20	11	7	33	12	55	45	3·01	1·16
90	12	16	19	7	4	33	9	58	42	3·38	0·85
100	20	18	15	4	3	32	8	60	40	3·68	

d) Geldertragstafel und Berechnung der Bodenrenten.

Bestandesalter	Abtriebsertrag verwertbare Holzmasse fm³	Wert pro im fm³ Ganzen Gulden	Zwischenerträge verwertbare Holzmasse fm³	Wert pro im fm³ Ganzen Gulden	Wertzuwachs incl. Zwischenertrag in Guld. %	Bodenbruttorente Gulden	Reine Bodenrente	Weiserprocent	Durchschnittlich jährl. Ertrag per ha. brutto netto Gulden
25			24	1·00 24·00					
30			26	1·10 28·60					
40	255	1·85 472	28	1·25 35·00	285·5 4·85	6·80 0·55		3·44	13·12 6·12
45	359	2·00 718	28	1·40 39·20	356·3 4·11	7·60 1·35		3·11	16·11 9·26
50			28						
55									
60	458	2·25 1030	26	1·60 41·60	431·0 3·56	8·11 1·86		2·87	19·28 12·53
65									
70	544	2·60 1414	24	1·80 43·20	488·8 3·02	8·38 2·13		2·50	22·61 15·93
75									
80	616	3·01 1854	22	1·95 42·96	469·5 2·28	8·39 2·14		1·87	25·82 19·19
85									
90	673	3·38 2275	20	2·10 42·00	422·5 1·72	7·95 1·70		1·38	28·11 21·53
95									
100	720	3·68 2650				7·25 1·00			29·46 22·91

Die Berechnung der Bodenbruttorente erfolgte nach der Formel

$$B_r = \frac{Au - Da \, 1 \cdot 0 p^m \dots \dots \dots \dots e \, 1 \cdot 0 p^m}{1 \cdot 0 p^{u} - 1}$$

; jene der Bruttowaldrente nach

$$W_r = \frac{Au \quad Da \quad bb + \dots}{u}$$

; für die reine Bodenrente wurden von den Bruttorenten die Verwaltungskosten pro Hektar (nach Abzug des durchschnittlichen Ertrages der Nebennutzungen) mit 6 fl. 25 kr., von den Bruttowaldrenten außerdem noch der auf ein Hektar entfallende Antheil der Culturkosten ($c = 30$ fl.), also $-\dfrac{c}{u}$ abgezogen. Das Wertszuwachs-Zuwachsprocent wurde unter Anrechnung des fünfjährigen Nachwertes der vorausgegangenen Zwischennutzung logarithmisch, das Weiterprocent nach Krofts Näherungsformel $w = z - \dfrac{(B + N)\,p}{h}$ berechnet. Der Rechnungszinsfuß ist mit $2^1/_2\%$ angenommen.

d) Allgemeine Forstbeschreibung.

Die Zusammenstellung der vom Betriebseinrichter zum Zwecke seiner eigenen Orientierung über alle auf den betreffenden Forst=betrieb Einfluß nehmenden Verhältnisse ausgeführten Studien und Erhebungen, wie selbe oft unter Beifügung einer historisch=statistisch=topographischen Beschreibung des Besitzes in mehr oder weniger großem Umfange den Einrichtungsoperaten als „Allgemeine Forst=beschreibung" beigegeben zu werden pflegt, ist nur zum geringen Theile unter die eigentlichen Grundlagen der Einrichtung zu rechnen; insofern darin theils bereits die Resultate der Einrichtung selbst hinsichtlich der Vermessung, Flächenberechnung, Bestandesauf=nahme 2c., theils die Motive der für die Zukunft aufgestellten Be=triebsvorschriften enthalten sind, gehört dieses Schriftstück mehr dem Schlußberichte über die ganze Einrichtung an.

Immerhin ist es wünschenswert, daß bei einer Neueinrich=tung auch die für den Betrieb wichtigeren physischen, rechtlichen und wirtschaftlichen (incl. der commerciellen) Verhältnisse des be=treffenden Besitzes in Kürze dargestellt werden, soferne eine solche Darstellung nicht bereits vorhanden sein sollte.

Dem Hauptziele unserer Wirtschaft und deren Einrichtung ent=sprechend, sind vorzüglich auch die finanziellen Momente, insbe=sondere die Verhältnisse des Absatzes, der Verwertung, des Trans=portes 2c., dann die Rentabilität der bisherigen Betriebsformen zu berücksichtigen, und ist dabei, so weit als möglich, auch die voraus=sichtliche künftige Gestaltung dieser Verhältnisse ins Auge zu fassen; es sind endlich, da die Vergangenheit insbesondere in der Forst=wirtschaft oft die Lehrmeisterin der Zukunft sein muß, auch diese hinsichtlich früherer Einrichtungen oder Betriebsmaßregeln und ihrer Erfolge, hinsichtlich besonders bemerkenswerter Ereignisse, stattge=habter Änderungen in den Absatz= oder Transportverhältnissen 2c. in den Kreis dieser Betrachtungen zu ziehen.

Die richtige und klare Erfassung aller dieser Verhältnisse bildet ebenso die Grundlage für die Feststellung der allgemeinen Grund=

7*

säße der künftigen Bewirtschaftung, wie die specielle Bestandesbe=
schreibung als die Hauptgrundlage unserer wirtschaftlichen Einzel=
dispositionen im Nußungs= und Culturplane anzusehen ist.*)

Abschluß der erstmaligen Einrichtung.

Eine Forstbetriebseinrichtung im Sinne des dem gegenwärtigen
Stande unserer Wirtschaft und Wissenschaft entsprechenden Ver=
fahrens, wie ich dasselbe hier in Kürze darzustellen versucht habe,
stellt ebenso wie die älteren Einrichtungen eine bedeutende Summe
von Arbeit dar; aber an die Stelle der früher häufig vorwiegend
rein mechanischen und schablonenmäßigen Arbeit — denn anders
kann man die sogenannte „ideale" Eintheilung und Periodenzuwei=
sung mancher älterer Einrichtungen, die oft in belletristischer Breite
sich ergehenden und dabei ungezähltemale sich wiederholenden Schil=
derungen der Standorts= und Bestandesbeschreibung, die aus
irgend einer Ertragstafel herausgerechneten Ziffernansäße des Holz=
vorrathes und Zuwachses, die auf gleichem Wege erfolgte Berech=
nung der Abtriebserträge aller Bestände und ihre Vertheilung in
die Nußungsperioden, sowie die daran sich knüpfenden wiederholten
Verschiebungen von Flächen und Ertragsgrößen aus einer Periode
in die andere u. s. w. kaum nennen — tritt hier zunächst ein
eingehendes Studium aller den Ertrag und die Wirtschaft beein=
flussenden Verhältnisse, eine sorgfältige Erwägung derselben und
eine reifliche Überlegung bei allen Feststellungen für die künftige
Bewirtschaftung; neben dem Ideal des Normalwaldes und des
strengen Nachhaltsbetriebes finden die thatsächlich gegebenen Ver=
hältnisse schon bei der räumlichen Eintheilung und Feststellung der
Hiebsordnung, bei der Aufstellung der allgemeinen Grundsäße für den
künftigen Betrieb und insbesondere bei der Verfassung des Nußungs=
planes für den nächsten Zeitraum stets die möglichste Berücksichtigung:
kurz, es tritt vorwiegend geistige an Stelle der mechanischen Arbeit.

Nach dem Grundsaße der möglichsten Vereinfachung und Be=
schränkung auf das Nothwendige in den schriftlichen Darstellungen,
wird auch das ganze Einrichtungswerk in seinem äußeren Umfange
sich auf wenige Hefte und Tabellen beschränken, welche, des leichteren Gebrauches wegen, für sich gesondert zu belassen, und nicht,
wie dies früher meist üblich war, in einen dicken Folianten zu=
sammenzufassen sind.

---

*) Eine beachtenswerte Darstellung über die Würdigung dieser allge
meinen Verhältnisse enthält Landolts „Forstliche Betriebslehre", Seite 56—70.

Die Bestandtheile der Einrichtung werden, abgesehen von der Eintheilung und Hiebsordnung im Walde selbst, nach Obigem sein:

1. Die allgemeine Forstbeschreibung, als kurze Darstellung der physischen, rechtlichen und wirtschaftlichen Verhältnisse;

2. die Flächentabelle als übersichtliche Zusammenstellung der Resultate der Flächenberechnung und der Vertheilung der Wald= flächen in die Standortsclassen;

3. die Bestandesbeschreibung mit der Altersclassenübersicht;

4. der Nutzungsplan für die Abtriebs= und Zwischennutzungen des ersten Jahrzehnts nebst einem vorläufigen Nutzungsplan für die Abtriebsnutzungen des zweiten, eventuell auch dritten und vierten Decenniums und beigefügter kurzer Begründung dieses Nutzungsplanes;

5. der Nachweis der außerhalb der Nutzungsflächen des nächsten Jahrzehnts nothwendigen Nachbesserungen, Neuaufforstungen und Meliorationen als Culturplan;

6. die Grundzüge der künftigen Bewirtschaftung in Bezug auf Betriebsart, Wahl der Holzarten, Umtrieb und Hiebsordnung, Be= standesbegründung und Bestandespflege, Sortierung und Verwer= tung 2c. (auch „Betriebsvorschriften" oder „Wirtschaftsregeln" genannt);

7. bei größeren Einrichtungen ein Schlußbericht, welcher das für die Zukunft Wissenswerte über den Vorgang der ganzen Ein= richtung, speciell der Vermessung, Bestandesaufnahme, Aufstellung der Ertragstafeln u. s. w., dann die Motive der getroffenen Ein= richtungen, soweit sie nicht schon in den vorigen Schriften enthalten sind, darlegt, und die Ergebnisse der Vermessung und Bestandes= aufnahme, sowie die Hauptziffern der Nutzungs= und eventuell auch Culturpläne nach Flächen und Holzmassen aus den einzelnen Be= triebsclassen oder Besitzobjecten zu einem Gesammtbild für den ganzen Besitz oder für einen Verwaltungsbezirk desselben zusammenstellt.

Als Beilagen, beziehungsweise Grundlagen dieser einzelnen Theile der Einrichtung werden denselben anzuschließen sein:

A. An Schriften.

1. Die Coordinatenverzeichnisse, dann die Berechnungsregister für die Dreiecks= oder Polygonberechnungen und Flächenberechnungen.

2. Die Zusammenstellung der Ergebnisse der Holzmassenauf= nahmen (bei Auskluppierung ganzer Bestände, sowohl im ganzen als pro Hektar), dann der aufgenommenen Modellstämme und der Zuwachsprocent=Ermittlungen.

3. Wenn Stammanalysen vorgenommen wurden, die graphische und ziffermäßige Darstellung derselben nebst Zusammenstellung der Resultate und Ableitung des durchschnittlichen Zuwachsganges aus denselben.

4. Die Massen= und Geldertragstafeln nebst Zusammen= stellung der speciellen Grundlagen derselben, das ist der für die ersteren in Beständen verschiedenen Alters aufgenommenen Probe= flächen und ihrer Ergebnisse, dann der Sortimentserhebung, die Ab= leitung der Durchschnittspreise u. s. w.

B. An Karten.

1. Die Aufnahmskarten als das Original der Aufnahme, beziehungsweise der Auftragung aller Vermessungsresultate.

2. Die Special= oder Wirtschaftskarten, als für den Gebrauch des Wirtschafters bestimmte Copien der vorigen.

3. Die Bestandeskarte als Übersicht der zur Zeit der Ein= richtung vorgefundenen Bestandesverhältnisse.

4. Die Hiebsplantarte zur übersichtlichen Darstellung der ge= planten Hiebsführung, sowie der Nutzungsflächen des ersten und eventuell auch der nächstfolgenden Jahrzehnte.

5. Eine Terrainkarte zur Darstellung des Terrains in Schichten= linien, eventuell zugleich als Bodenfarte, zur Darstellung der Boden= verhältnisse und der Einschätzung der Flächen in die Standorts= classen; oder auch die letztere allein, falls (wie bei ganz oder nahezu ebenem Terrain) die Herstellung einer Terrainkarte entfällt.

Die Buchführung.

Als eine der Aufgaben der Betriebseinrichtung haben wir schon eingangs dieser Schrift (Seite 11) die Einführung einer entspre= chenden Buchführung über die Ergebnisse der Wirtschaft, soweit diese den Gegenstand der Betriebseinrichtung betreffen, also haupt= sächlich der Holznutzung, eventuell auch der Nebennutzungen, nach Menge und Ertrag, dann der auf Bestandesbegründung und Meliorationen verwendeten Kosten, bezeichnet. Es soll damit ein übersichtlicher Nachweis dieser Ergebnisse im einzelnen und im ganzen, sowie das statistische Materiale für die weiteren Revisionen der Einrichtung geliefert, der Vergleich des wirklichen Erfolges mit dem in den Nutzungsplänen festgesetzten Hiebsatz im ganzen und den präliminierten Einzelerträgen ermöglicht und zugleich auch eine Basis für die Controle der Wirtschaft hinsichtlich der Durch= führung der aufgestellten Betriebspläne gewonnen werden.

Diesen Zwecken entsprechend, sind demnach auch die betreffenden Nachweise, die man in ihrer Gesammtheit als „Wirtschaftsbuch" bezeichnet, einzurichten.

Für die Ergebnisse der Holznutzung ist dabei die Verzeichnung in mindestens zwei getrennten Nachweisen erforderlich, um einerseits die Einzelergebnisse für jeden Bestand, getrennt nach allen wichtigeren Sortimenten, auszuweisen und den Gesammtertrag jedes Bestandes mit dem Ansatze des Nutzungsplanes vergleichen und andererseits die Gesammtnutzung jedes Jahres nebst deren Geldertrag im ganzen und pro Hektar übersichtlich zusammenstellen und mit dem Hiebssatze nach Fläche und Holzmasse bilanzieren zu können. Die örtlich sehr verschiedenen Verhältnisse bezüglich der Sortierung, der Betriebs- und Verwertungsarten 2c. bedingen eine denselben stets angepasste Einrichtung der betreffenden Tabellen, und lässt sich daher ein allgemein giltiges Schema hiefür nicht aufstellen. Wenn ich im nachstehenden Formulare für die einzelnen Theile des Wirtschafts= buches hier beifüge, so sind dieselben nur als Beispiele zu betrachten, neben welchen ich die in der österreichischen Staatsforstverwaltung vorgeschriebene Form *), sowie die in Judeich's „Forsteinrichtung" enthaltenen Formulare zur Vergleichung und Beachtung empfehle.

Die von Judeich als Abtheilung A, B, C und D bezeich= neten Nachweise sind in den nachfolgenden Formularen in zwei Theile des Wirtschaftsbuches zusammengezogen, von welchen der erste zur bestandesweisen Eintragung der Abtriebs= und Zwischen= nutzungen nach Sortimenten, sowie ihres Geldertrages, der zweite zur abtheilungs= und betriebsclassenweisen Zusammenstellung der jährlichen Holznutzungen nach Hiebsart, dann des Geldertrages im ganzen und pro Hektar bestimmt ist. Die Vergleichung des wirklichen Ertrages der einzelnen Bestände mit dem Ertragsansatze des Nutzungs= planes erfolgt (sobald die Nutzung des betreffenden Bestandes beendet ist) im ersten Theile, die Vergleichung der erfolgten Jahresnutzung nach Fläche und Holzmasse mit dem Hiebssatz im zweiten Theile.

Der dritte Theil des Wirtschaftsbuches nach dem hier gege= benen Formulare dient zur Nachweisung der jährlich ausgeführten Aufforstungen und Nachbesserungen, dann der Arbeiten in Pflanz= gärten, für Meliorationen und Bestandespflege und den hierauf verwendeten Kosten, der vierte Theil der Nachweisung der jährlich erfolgten Nebennutzungen nach Menge und Ertrag.

---

*) Siehe „Jahrbuch der Staats= und Fondsgüterverwaltung". Erster Jahrgang 1893, Seite 299 u. f.

Wirtſchaftsbuch I. Theil Abtheilung

Nutzungsjahr	Beſtand	Hiebs-art	Nutzungsfläche		Abtriebsnutzung															
					Nutzholz						Brennholz									
				Aſte	Bauholz			Stangen	Schleif-u. Cellu-loſeholz		Scheitholz		Prügel		Reiſig		Rinde	im ganzen
					hart	mittel	ſchwach				hart	weich	hart	weich	hart	weich			
			ha					Feſtmeter				rm (red. auf rm roth)						fm	

Wirtſchaftsbuch II. Theil

Nutzungsjahr	Abtheilung	Fläche d.		Nutzholz	Brennholz	Rinde	im ganzen	Abtriebsnutzung				Geldertrag		pro ha der Schlagfläche				Zwiſchen-	
		Abtriebs-nutzung	Zwiſchen-nutzung					davon aus						Maſſen-ertrag	Geldertrag			Nutzholz	Brennholz im ganzen
								Stabholz	Holz-längshieb	ſonſtige Nutzung		roh	rein			roh	rein	
		ha					Feſtmeter					Gulden		fm	Gulden			fm

Wirtſchaftsbuch III. Theil

Jahr	Ertrags-zeichnung		Art der Cultur-aus-führung	Holzart	Fläche		Bedarf an				Koſtenaufwand				
	Abtheilung	Unterabthlg.			Neu-anfforſtung	Nach-beſſerung	Samen	Pflanzen	Hand-	Zug-	Samen und Pflanzen	Materialien	Arbeit	im ganzen	pro ha
										Taawerf					
					ha		kg	1000 St.	Anzahl		Gulden				

Wirtſchaftsbuch IV. Theil Seite . . .

Jahr	Ortsbezeichnung	Art der Nebennutzung	Nutzungs-fläche		Grasnutzung			Streunutzung			Sonſt. Nutzung		
			Holz-boden	Nicht-holzboden	Menge	Geldertrag		Menge	Geldertrag		Menge	Geldertrag	
						roh	rein		roh	rein		roh	rein
			ha			Gulden			Gulden			Gulden	

Zwischennutzung										im ganzen	Stockholz	Geldertrag		Bemerkungen
Nutzholz			Brennholz									roh (Verkaufspreis)	rein (abzüglich der Erntekosten)	
Bauholz	Stangen	sonstiges	Scheitholz		Prügel		Reisig							
			hart	weich	hart	weich	hart	weich						
Festmeter			rm (red. auf 1m roth)							fm	rm	Gulden		

nutzung						Gesammtnutzung									
davon aus			Geldertrag		pro ha der Nutzungsfläche			Nutzholz	Brennholz	Rinde	im ganzen	Stockholz	Geldertrag		pro ha der Waldfläche
Durch= forstung	Läute= rung ꝛc.	zufällige Nutzung	roh	rein	Massen= ertrag	Geldertrag							roh	rein	Massen= ertrag	Geldertrag
						roh	rein									
Festmeter			Gulden		fm	Gulden		Festmeter				rm	Gulden		fm	Gulden

Herstellung und Erhaltung der Pflanzgärten							Meliorationen u. Bestandespflege				
Orts= bezeichnung	Fläche	Art der Herstellung	Kostenaufwand				Orts= bezeichnung	Art der Ausführung	Fläche oder Länge	Kosten	
			Samen	Ma= terialien	Arbeit	im ganzen				im ganzen	pro Einheit
	ha		Gulden							Gulden	

Bemerkung. Die Eintragung der einzelnen Nutzungsergebnisse in den I. Theil des Wirthschaftsbuches erfolgt auf Grund der Holzabmaßverzeichnisse und ist der Anzahl der Raummeter (bei Brennholz) die entsprechende Holzmasse in Festmetern unmittelbar beizusetzen. Die Eintragung in den II. Theil erfolgt für alle größeren Nutzungen abtheilungsweise aus dem I. Theil. Die Durchschnitts= ziffer des Massen= und Geldertrages pro Hektar der Schlag= oder Nutzungsfläche ist bei allen bedeutenderen Abtriebs= oder Zwischennutzungen abtheilungsweise, jene der Gesammtnutzung pro Hektar der ganzen Waldfläche aber nur für die Jahressumme der einzelnen Betriebsclassen zu ermitteln.

Die Art der Anlage und Führung dieses Wirtschaftsbuches ergibt sich aus den Tabellen zumeist von selbst und ist eine nähere Erklärung hierzu hier wohl entbehrlich. Bemerkt sei nur, daß der Ansatz der Abtriebsflächen, übereinstimmend mit jenem des Nutzungs= planes, bei nur theilweiser Nutzung des Bestandes in entsprechend reducirtem Ausmaße zu erfolgen hat, daß ferner die Rinde, auch wenn sie nicht besonders zur Nutzung gelangt, mit einem entspre= chenden Procentsatze der Holzmasse als Abgabe in Ansatz zu bringen ist, wenn deren Abfall nicht schon im Hiebssatze berücksichtigt wurde, daß endlich die den Eintragungen zugrunde liegenden Materialabmaßen auf eine möglichst richtige Ermittelung des Cubit= inhaltes der betreffenden Sortimente gerichtet sein müssen. *)

Die Reinertragstabelle, wie sie Judeich als Abtheilung F seines Wirtschaftsbuches anführt, gehört meines Erachtens mehr zu den Erfolgsausweisen der eigentlichen Vermögens= oder Geld= rechnung, da viele Ansätze derselben nur aus der letzteren ent= nommen werden können. Jedenfalls bildet sie einen für die Klar= stellung des gesammten Wirtschaftsergebnisses wichtigen Nachweis, dessen jährliche Aufstellung, sei es an dem oder jenem Orte, nicht unterlassen werden sollte.

Es ist eine bekannte Klage der Wirtschaftsführer, daß die ihnen obliegende Führung des Wirtschaftsbuches eine zu umständliche und sehr zeitraubende sei, und ist daher eine Vereinfachung, soweit dies ohne Beeinträchtigung des Zweckes thunlich erscheint, jedenfalls anzustreben. Auch die oben mitgetheilten Formularien können, ins= besondere im zweiten und dritten Theile, durch Weglassung oder Zusammenziehung einzelner Nachweise noch vereinfacht werden; doch dürfte die detaillirtere Nachweisung bei den künftigen Revisionen nur willkommen sein.

Andererseits wurde auch schon angeregt **), unsere wirtschaft= liche Buchführung dahin auszugestalten, daß, ähnlich wie dies fortschrittliche Landwirte bezüglich der einzelnen Fruchtschläge oder Stücke des Stallviehes thun, für jeden Bestand ein besonderer Doppelconto mit „Soll" und „Haben" eröffnet werde, um die

---

*) Dies bezieht sich insbesondere auch auf die Anwendung der richtigen Reductionszahlen für die Umrechnung der nach Raummaß abgegebenen Sorti= mente in Festmaß, wobei häufig das Übermaß der Holzzoine zu wenig in Rechnung gezogen wird. Auch bei der Abmaß der Nutzhölzer wird aus Rück= sicht auf örtliche Verkaufsgepflogenheiten das abgegebene Quantum nicht selten zu gering bemessen.

**) Siehe Judeich, „Forsteinrichtung", § 155 der fünften Auflage.

Bilanz zwischen Kosten und Ertrag für jeden Bestand ziehen zu
können. Abgesehen aber von der Umständlichkeit einer solchen Buch=
führung und davon, daß die einzelnen Bestände in ihrer Ausschei=
dung und Abgrenzung veränderlich sind, ist hier einzuwenden, daß
das „Soll" dieser Buchführung hauptsächlich aus auflaufenden Zinsen
besteht, dessen Größe daher ganz vom Zinsfuß abhängig ist; daß die
Vertheilung der gemeinsamen Auslagen für Verwaltung, Schutz,
Steuern, Wegebau und Wegeerhaltung ꝛc. auf alle einzelnen Be=
stände nur in ziemlich willkürlicher, daher wenig entsprechender
Weise erfolgen könnte; daß für ältere Bestände, deren Nutzung für
diese Erfolgsrechnung nahe genug läge, deren frühere Kosten und
Erträge zumeist nicht bekannt sind, für ganz junge Bestände aber
das Ende dieser Abrechnung doch gar zu entfernt liegt.

In der Praxis und im großen Betriebe wird demnach diese
Art der Buchführung wohl kaum Eingang finden; doch wäre es
erwünscht, wenn hie und da für einzelne Bestände von nicht zu
geringer Ausdehnung, deren bisherige Kosten und Erträge auch noch
ausreichend bekannt sind, eine solche Rechnungsbilanz angelegt
würde.

Im allgemeinen kann die Rentabilität verschiedener Betriebs=
formen oder Verwertungsarten in einfacherer Weise durch Er=
mittelung der Bodenrenten, wozu uns auch die Aufschreibungen
unseres Wirtschaftsbuches die nöthigen Daten liefern, bestimmt
werden.

Die Revisionen.

Kaum ein anderer Punkt unseres Einrichtungswesens wird
heute von allen Vertretern sonst grundsätzlich verschiedener Richtungen
desselben so allgemein anerkannt, als die Nothwendigkeit und Be=
deutung der zeitweiligen Revisionen des erstmaligen Einrichtungs=
werkes.

Auch die Aufgabe dieser Revisionen hat im Laufe der Zeit
eine namhafte Erweiterung erfahren, und ihre Bedeutung für die
Einrichtung und Ausbildung des Wirtschaftsbetriebes ist damit
eine wesentlich andere geworden.

War es früher hauptsächlich die Aufgabe der Revisionen, im
Rückblicke auf den letztverflossenen Zeitraum den Erfolg der Wirt=
schaft, insbesondere die Größe der wirklich stattgehabten Nutzungen
zu constatieren und dieselben mit den Anordnungen des Wirtschafts=
planes, beziehungsweise mit dem dort festgestellten Hiebsatze zu ver=

gleichen, dann, soweit als nöthig, die Dispositionen für den
nächsten Zeitraum — aber stets unter möglichster Wahrung des ursprünglichen Rahmens der Einrichtung — zu treffen, so tritt dieser,
die bisherige Wirtschaft controlierende Theil der Revision gegenwärtig
zurück gegen die weitere und wichtigere Aufgabe, die Einrichtung
durch ganz selbständige Aufstellung neuer Wirtschaftspläne fort-
zusetzen und zugleich fortzubilden, und sie dabei jeweils den veränderten Verhältnissen wieder anzupassen. Dadurch wird der Einrichtung einerseits ein bleibender Wert und eine stetige Fortbildung
im Sinne der fortschreitenden Ausbildung unserer Lehre und
Wissenschaft gesichert, anderseits gewinnt die erstmalige Einrichtung an Einfachheit und Sicherheit, indem sie von allen Detail-
dispositionen für spätere Zeiträume, von der Vorausbemessung
fernabliegender Ertrags- oder Zuwachsgrößen u. dgl. entlastet wird.

Die Aufgaben der Revision und damit der Umfang der betreffenden Arbeiten werden verschiedene sein, je nachdem inzwischen
wesentliche Änderungen in den äußeren und inneren Verhältnissen
des Forstes eingetreten sind oder nicht. Im ersteren Falle tritt eine
sogenannte „umfassende" Revision ein, welche sich möglicherweise
auch auf eine Änderung des ganzen Eintheilungsnetzes und der
allgemeinen Grundlagen des Betriebes in Bezug auf Betriebsart,
Umtriebszeit ꝛc. erstrecken kann, und somit nahezu einer Neueinrichtung gleichkommt, während im anderen Falle der allgemeine Rahmen
der Eintheilung und Hiebsordnung im wesentlichen aufrecht bleibt,
und auch die anderen Grundlagen der vorhergegangenen Einrichtung,
die Bestandesbeschreibung, Flächentabelle ꝛc., nach entsprechender
Richtigstellung auf den status quo beibehalten werden können. Es
ist selbstverständlich, dass man sich zu einer Revision der ersteren
Art nur dann veranlasst sehen wird, wenn eine wesentliche und
dauernde Veränderung der Verhältnisse des Absatzes, des Transportes u. s. w. dies nothwendig erscheinen lässt, und dass die Entscheidung darüber, ob eine solche gänzliche oder theilweise Umgestaltung der bisherigen Einrichtung stattfinden soll, auf Grund
commissioneller Berathung durch die oberste Stelle zu treffen
sein wird. *)

---

*) In der österreichischen Staatsforstverwaltung geht jeder Revision eine
solche commissionelle Berathung seitens des inspicierenden Beamten, des Betriebseinrichters und des Wirtschaftsführers voraus, deren Beschlüsse in einem
„Grundlagenprotokoll" niedergelegt werden, welches neben dem Befund über die
bisherige Bewirtschaftung auch den Umfang der Revision und die Grundzüge
der künftigen Bewirtschaftung feststellt.

Insbesondere sollte, schon der wünschenswerten Continuität wegen, die Eintheilung, sowie die Bezeichnung der Abtheilungen und selbst der Unterabtheilungen nicht ohne zwingende Nothwendigkeit geändert werden. *)

Die Aufgabe einer gewöhnlichen Revision ist nach dem Obengesagten eine doppelte, nämlich:

a) Die Feststellung und Prüfung der wirklichen Betriebsergebnisse des abgelaufenen Wirtschaftszeitraumes im Vergleich mit dem Wirtschaftsplane,

b) die Aufstellung eines neuen Wirtschaftsplanes für die nächste Zeitperiode nebst der Beschaffung der Grundlagen hierfür.

Da die Wirtschaftspläne in der Regel nur für 10 Jahre aufgestellt werden und anderseits auch bei den stets veränderlichen Verhältnissen der Forstwirtschaft die Prüfung ihrer Erfolge und die Aufstellung neuer Grundlagen für dieselbe mindestens innerhalb eines solchen Zeitraumes nothwendig ist, so ergibt sich von selbst für die Wiederkehr der Revisionen je ein Jahrzehnt als der angemessene Zeitraum.

a) **Prüfung der Betriebserfolge und Vergleichung mit dem Wirtschaftsplane des abgelaufenen Jahrzehnts.**

Für die Zusammenstellung des Betriebsergebnisse des abgelaufenen Jahrzehnts bildet das Wirtschaftsbuch die Grundlage. Aus diesem werden folgende Nachweisungen zu entnehmen sein:

1. Eine Nachweisung des wirklichen Holzmassenergebnisses der

---

*) Veranlassung zu einer solchen Umänderung oder Ergänzung des bisherigen Eintheilungsnetzes kann durch die Nothwendigkeit einer geänderten Hiebsrichtung oder Betriebsweise, sowie durch eine inzwischen erfolgte Entwickelung des Wegnetzes oder durch Verfeinerung des Betriebes überhaupt, die kleinere Abtheilungen bedingt, gegeben seien. In Hochgebirgsforsten wird der allmählich sich vollziehende Übergang vom Holztransporte mittelst Riesen und Trift zu jenem auf planmäßig angelegten Waldwegen fast immer auch eine diesen letzteren entsprechende Abänderung der Eintheilung, insbesondere eine weitergehende Untertheilung der Hiebszüge in breiten Berglehnen zur Folge haben. So sehr man die Berechtigung einer Abänderung in solchen Fällen anerkennt, so kann es dagegen nicht gebilligt werden, wenn manchmal ohne zwingenden Grund die ganze Eintheilung oder auch nur die Bezeichnung der Abtheilungen und der Eintheilungslinien und damit auch jene aller Eintheilungsmarken bei jeder Revision eine vollständige Umänderung erfahren, bloß deshalb, weil die Eintheilung selbst vielleicht nicht ganz den Ansichten des mit der Revision betrauten Einrichters entspricht und jene Bezeichnung mit einer etwa inzwischen hiefür aufgestellten Norm nicht ganz übereinstimmt.

Abtriebsschläge für die ganz oder nahezu durchgehauenen Bestände, dann der Lichtungshiebe, Durchforstungen ꝛc. nach Sortimenten im Vergleiche mit den Ansätzen des Nutzungsplanes, als Gegenüber= stellung des „Soll" und „Ist" aller Einzelnutzungen, aus dem I. Theile des Wirtschaftsbuches;

2. eine Zusammenstellung der in den Einzeljahren und im ganzen erfolgten Gesammtnutzung, getrennt nach Abtriebs= und Zwischennutzungen (aus dem II. Theile des Wirtschaftsbuches), und Vergleichung derselben mit dem Hiebssatze nach Fläche und Holz= masse für die einzelnen Betriebsclassen;

3. eine Zusammenstellung der erfolgten Abweichungen vom Nutzungsplane (der „planwidrigen Hauungen"), also der nicht plan= mäßig erfolgten Nutzungen („Vorhiebe") und der gegen den Nutzungs= plan verbliebenen „Hiebsrückstände" mit Begründung dieser Ab= weichungen;

4. ein Ausweis der erfolgten Nebennutzungen nach Menge und Geldertrag aus Abtheilung IV des Wirtschaftsbuches, und eventuell Vergleich mit dem aufgestellten Nebennutzungsplane;

5. eine Nachweisung der erfolgten Aufforstungen, Meliora= tionen ꝛc. und der darauf verwendeten Kosten aus Abtheilung III des Wirtschaftsbuches, eventuell verbunden mit einem Nachweise der verbleibenden Rückstände an Culturaufgaben;

6. die Reinertragsnachweisung für das ganze Jahrzehnt mit speciellem Ausweise der Erträge und Kosten nach den die Forst= wirtschaft betreffenden Verrechnungsrubriken, dann Vergleichung des Gesammtcapitalwertes des betreffenden Forstes zu Beginn und am Ende des Jahrzehnts und Nachweis der durch den Ertrag erreichten Verzinsung dieses Capitalwertes.

Neben dieser ziffermäßigen Nachweisung und Überprüfung der Wirtschaftsergebnisse des abgelaufenen Jahrzehnts hat aber auch eine Prüfung im Walde selbst bezüglich des Standes und Erfolges der Aufforstungen und Meliorationen, sowie der ausgeführten Nutzungen im Vergleiche mit den Angaben des Wirtschaftsbuches, ferner eine Prüfung des ganzen Wirtschaftsbetriebes im Vergleich mit den Betriebsvorschriften, insbesondere in Bezug auf die Schlag= führung und Einhaltung der Hiebsfolge, die Ausführung der Durch= forstungen, Lichtungshiebe u. dgl., der Aufforstungen und Melio= rationen oder sonst angeordneter Forstverbesserungen, die Durch= führung der Sortierung und Verwertung ꝛc., endlich eine Prüfung des Standes der äußeren Forst= und inneren Eintheilungsgrenzen zu erfolgen.

Mit dieser eine Controle gegen die Wirtschaftsführung bil= denden Überprüfung des ganzen bisherigen Betriebes, ist aber zugleich auch eine kritische Beurtheilung der bestehenden Betriebsvorschriften selbst in Bezug auf ihre Zweckmäßigkeit und ihren Erfolg in allen den genannten Richtungen, sowie die Erwägung zu verbinden, in welchen Punkten etwa eine Abänderung der bisherigen Anordnungen nothwendig oder angezeigt erscheint. Insbesondere wird sich diese letztere Untersuchung auf die Beurtheilung des Erfolges neu ein= geführter Betriebsformen (Erfolg neuer Culturmethoden oder der Verjüngungsschläge, Einfluß stärkerer Durchforstungen oder der Lichtungshiebe auf den Zuwachs je nach Art der Bestände, Be= währung der Hiebsordnung und der Loshiebe gegen den Windwurf, Einfluß veränderter Aufarbeitungs=, Sortierungs=, Bringungs= oder Verwertungsweise auf den Absatz und die Preise u. s. w.) zu er= strecken haben.

b) Aufstellung des neuen Wirtschaftsplanes.

Die Aufstellung des neuen Wirtschaftsplanes für das nächst= folgende Jahrzehnt setzt bei den Revisionen ebenso wie bei der erstmaligen Einrichtung gewisse geodätische und taxatorische Vor= arbeiten zur Beschaffung der nöthigen Grundlagen voraus.

Die geodätischen Vorarbeiten beschränken sich auf die Richtigstellung und Ergänzung der Karten bezüglich aller inzwischen stattgehabten Veränderungen im Besitzstande selbst oder in der Ab= grenzung des Waldbodens, der Veränderungen an Wegen, Bauten 2c., insbesondere aber bezüglich der durch den Betrieb selbst (Schlag= führungen, Culturen 2c.) hervorgerufenen Änderungen in den Be= standesgrenzen, dann auf die Berichtigung der Flächentabelle bezüg= lich dieser Änderungen und eventuell die Herstellung einzelner neuer Karten.

Die in größerem Maßstab (als Copien der Aufnahmskarten) gezeichneten Special= oder Wirtschaftskarten sind keineswegs bei jeder Revision, sondern nur im Falle größerer Veränderungen, ins= besonders in der räumlichen Eintheilung, neu herzustellen; auch die Bestandeskarten können bei der erstmaligen Revision nach Richtig= stellung bezüglich der letzten Bestandesgrenzen und Ersichtlichmachung der erfolgten Abtriebsschläge und Aufforstungen zumeist beibehalten und deren Neuherstellung daher einer weiteren Revision vorbehalten werden Die übrigen Karten (Terrain=, Bodenkarten 2c.) sind nur bezüglich der etwa stattgehabten Veränderungen richtigzustellen.

Um alle Veränderungen am Besitz= oder Waldstande, an den Beständen 2c. stets in Evidenz zu halten, empfiehlt es sich, hierüber ein besonderes Notizbuch zu führen, in welchem dann auch der Vollzug dieser Änderungen in den Karten ersichtlich gemacht wird.*) Die Grenzen der jährlichen Schläge und Culturflächen müssen schon der Flächenberechnung wegen alljährlich in der Specialkarte (mit Bleilinien) eingetragen werden; am Schlusse des Decenniums werden die schließlichen Schlag= und Culturgrenzen ausgezogen und in die übrigen Karten übertragen, ohne jedoch durch diese nur vorüber= gehenden Begrenzungslinien neue Unterabtheilungen zu bilden. Die betreffende Unterabtheilung wird vielmehr mit den ermittelten Theil= flächen theils den Altbeständen, theils den Blößen oder der jüngsten Altersclasse zugeschrieben. Dagegen werden manche der früheren Un= terabtheilungsgrenzen durch die Schlagführung 2c. verschwinden, und können die betreffenden Unterabtheilungen zusammengezogen werden. Eine vollständige Neuauflage der Flächentabellen wird nur bei wesentlichen Änderungen, insbesondere der Eintheilung, nothwendig werden.

Die taxatorischen Vorarbeiten werden sich hauptsächlich auf eine neue Erhebung des Holzvorrathes und der Zuwachspro= cente in allen ganz oder annähernd hiebsreifen Beständen, dann auf eine Revision der Bestandesbeschreibung überhaupt erstrecken. Dabei sind jedoch auch hier die betreffenden Tabellen keineswegs immer im vollen Umfange neu aufzustellen; es wird vielmehr meist zulässig sein, die sich ergebenden Änderungen, Verschiebungen und Zusätze in den früheren Tabellen (etwa mit blauer Tinte) einzu= tragen.

In der Bestandesbeschreibung werden hauptsächlich die Holz= vorraths= und Zuwachsprocentansätze für die nunmehr hiebsreifen Bestände, die Ansätze des nutzbaren Zwischenbestandes, dann die wirtschaftlichen Bemerkungen für das nächstfolgende Jahrzehnt neu einzusetzen und in der Altersclassenübersicht die betreffenden Ver= schiebungen vorzunehmen sein.

---

*) Auch die Anlage eines besonderen „Gedenkbuches", in welches größere Veränderungen und bemerkenswerte Ereignisse oder Erscheinungen verzeichnet werden, und welches sich dadurch zu einer lehrreichen Chronik des betreffenden Forstes gestaltet, ist empfehlenswert.

Die Einreihung der Waldflächen in die Standortsclassen wird im wesentlichen unverändert bleiben, kann jedoch hie und da, wenn inzwischen bessere Unterlagen für die Beurtheilung der Ertragsfähigkeit einzelner Flächen gewonnen wurden, gleichfalls Verschiebungen erleiden. Eine Neuberechnung der früher aufgestellten Geldertragstafel wird nur dann nothwendig werden, wenn in den Sortiments= oder Preisverhältnissen wesentliche Änderungen eingetreten sind oder auch die bisherigen Betriebsergebnisse bezüglich der Erträge im ganzen und nach einzelnen Sortimenten eine Richtigstellung der früheren Ansätze als angezeigt erscheinen lassen.

Den wirtschaftlichen Notizen über die für jeden einzelnen Bestand angezeigten Maßnahmen der Nutzung, Bestandespflege oder Cultur u. s. w., ist auch bei den Revisionen eine besondere Aufmerksamkeit zu widmen.

Die in der „Allgemeinen Forstbeschreibung" dargestellten Verhältnisse unterliegen zumeist nur geringen Veränderungen; es genügt daher auch hier ein Zusatz, welcher gegebenenfalls solche Veränderungen anführt und die frühere Darstellung berichtigt.

Auch die „Allgemeinen Betriebsvorschriften" unterliegen, wie schon oben erwähnt, bei jeder Revision einer Überprüfung, und sind eventuelle Änderungen derselben noch vor der Aufstellung des neuen Nutzungsplanes festzustellen.

Die Aufstellung des Nutzungsplanes für das nächste Jahrzehnt erfolgt nach denselben Gesichtspunkten und in der gleichen Weise wie bei der erstmaligen Einrichtung; als Grundlage dient hier nebst einer neuerlichen Zusammenstellung des nunmehr vorhandenen hiebsreifen Holzvorrathes an Beständen oder Einzelstämmen hauptsächlich der bereits früher aufgestellte provisorische Nutzungsplan für diesen Zeitraum, dessen Bestimmungen und Ertragsansätze an der Hand der obigen Zusammenstellung und der bisherigen Betriebsergebnisse zu überprüfen und gegebenenfalls entsprechend abzuändern sein werden. Auch bei den Revisionen soll zur Beurtheilung der Nachhaltigkeit der Nutzungen in der nächstfolgenden Zeit stets auch wieder ein provisorischer Nutzungsplan für das zweitfolgende Jahrzehnt aufgestellt werden; schon deshalb, um im Falle einer Verzögerung der nächsten Revision doch nach Ablauf des Jahrzehnts eine Grundlage für die weitere planmäßige Bewirtschaftung zu haben.

Je nach Erforderniß wird auch ein neuer Cultur= oder Nebennutzungsplan für das nächste Jahrzehnt aufgestellt werden;

ferner wird es sich auch bei den Revisionen empfehlen, das Ergebniß und die wesentlichen Bestimmungen derselben in einem commissionell abgefaßten Schlußprotokolle oder Schlußberichte darzustellen.

Die Vornahme von Zwischenrevisionen zwischen diesen zehnjährigen Erneuerungen der Betriebseinrichtung halte ich vom Standpunkte der Forsteinrichtung aus im allgemeinen für entbehrlich; nur bei neuen Einrichtungen, deren Grundlagen vielleicht weniger verläßlich sind, und insbesondere, wenn der Hiebssatz nach der Holzmasse (und nicht nach der Nutzungsfläche) eingehalten wird, oder falls größere Störungen inzwischen eingetreten sind, wird es angezeigt sein, nach einem kürzeren Zeitraume den wirklichen Erfolg im Vergleiche mit der Ertragsschätzung nach den Aufzeichnungen des Wirtschaftsbuches zu constatieren und die etwa nöthigen Änderungen im Hiebssatze oder in der Auswahl der Hiebsflächen noch vor Ablauf des ganzen Decenniums vorzunehmen. Sonst liegt jedoch eine Nothwendigkeit, solche Zwischenrevisionen in regelmäßigen Zeiträumen, also etwa alle 5 Jahre, durchzuführen, nicht vor.

Druck von Johann N. Vernay in Wien